빌레몬서 강해

작은 서신 안에 담긴

위대한 복음

빌레몬서 강해

작은 서신 안에 담긴 위대한 복음

2018년 8월 20일 1쇄 인쇄
2018년 10월 25일 2쇄 발행

지은이 | 이상웅
펴낸이 | 박영호
펴낸곳 | 도서출판 솔로몬

주소 | 서울시 동작구 사당로 155, 신주빌딩 B1
전화 | 599-1482
팩스 | 592-2104
직영서점 | 596-5225

등록일 | 1990년 7월 31일
등록번호 | 제 16-24호
E-mail | solcp1990@gmail.com

ISBN 978-89-8255-567-1 03230

2018 © 이상웅
Korean Copyright © 2018
by Solomon Publishing Co., Seoul, Korea

저작권법에 의하여 한국 내에서 보호를 받는 저작물이므로
무단전재와 복제를 금합니다.

작은 서신 안에 담긴

위대한
복음

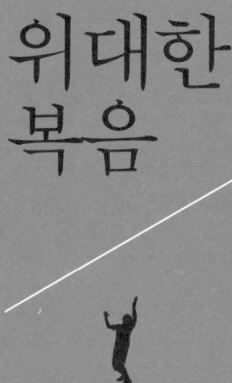

빌레몬서 강해 ● 이상웅

솔로몬

이 작은 강해서를
칠순을 맞으신
은사 김길성 교수님께
헌정합니다.

추천사

이 책은 제가 아는 한 빌레몬서 만을 단독으로 다루는 거의 최초의 단행본입니다. 이상웅 교수님의 저서는 우리에게 주목받지 못하던 바울 서신에 대한 정교하고 자세한 주석 정보를 제공해주고 있습니다. 신학생, 목회자, 학자들은 이 책을 빌레몬서 연구의 디딤돌로 삼을 수 있을 것입니다. 이상웅 교수님은 제가 알고 있는 가장 성실한 조직신학자 중 한 분 이십니다. 이상웅 교수님의 성실하고 풍성한 주해와 교회를 위한 적실한 적용을 통해 많은 이가 도움을 얻을 것입니다. 이 책을 통하여 교회와 학계가 빌레몬서에 대해 새로운 관심을 가지게 되기를 소망합니다.

김규섭(아세아연합신학대학교 신약학 교수)

〈작은 빌레몬서가 이상웅 교수님을 만나면서 위대한 복음이 되었다.〉

이상웅 교수님은 학자 겸 제사장이었던 에스라처럼 우리 교단 신학교의 조직신학자이면서, 동시에 탁월한 설교자이다. 오랜 기간 목회를 하셔서 그런지 그의 말씀은 쉽고, 재미 있고, 깊이 있다. 그리고 그의 가르침은 제자들에게 많은 영적인 감화와 목회에 실제적인 도움을 주고 있다. 이 교수님은 우리 교회에서 정기적으로 말씀을 전한다. 그때마다 교인들이 큰 소리로 아멘을 하면서 은혜를 받는 장면을 목도하노라면, 그의 영성과 지성의 깊이가 느껴진다. 말씀을 말씀 되게 하는 설교를 통해 하나님이 하나님 되고, 성도가 성도 되어감을 보고 큰 감동을 받는다.

이번에 이 교수님이 저술한 빌레몬서 강해는 바로 이런 그의 묵상과 연구의 깊이가 느껴지는 책이다. 이 교수님의 수고가 333 단어에 불과한 빌레몬서를 위대한 서신으로 만들었으며, 그 안에 함축된 바울의 신학과 사상이 드러나게 하였다. 제목대로 작은 서신을 위대한 복음이 되게 하였다. 특히 이 교수님은 이 책을 통하여 바울이 전하고자 하였던 그 뜨거운 언어의 온도와 서신의 온기를 온전히 전해 준다. 바울이 편지를 통하여 표현하려고 했던 빌레몬을 향한 사랑과 존경의 언어들이, 축복과 은혜의 말씀들이 그대로 전해지는 듯한 감동을 받는다.

이전에 저술한 『개혁파종말론의 관점에서 본 요한계시록』을 통하여 한국 교회 내에 혼재한 여러 신학적 혼란이 제거되고, 개혁주의 사상이 온전히 드러난 것처럼, 본서 역시 빌레몬서 연구와 설교에 새로운 이정표가 될 것이다. 모쪼록 본서를 통하여 하나님의 크신 섭리가 드러나고, 많은 독자가 깊은 은혜를 받으실 것을 믿는다.

김진현(주의교회 담임목사, 연세대학교 운영이사)

빌레몬서는 바울서신 가운데 가장 짧지만 가장 위대한 신학적 주제를 담고 있다. 그것은 바로 죄인을 성부 하나님과 화목시키시려는 그리스도 예수의 은혜와 사랑의 복음이다. 마틴 루터의 펜을 빌려 말하자면 바울은 빌레몬서에서 그리스도께서 죄인을 위해 성부 하나님께 행하셨던 것처럼 지금 오네시모를 위해 스스로 낮추어 빌레몬에게 행하고 있는 것이다. 저자는 이 짧은 편지에 담긴 위대한 구원의 복음을 누가 읽어도 쉽게 이해할 수 있을 만큼 유려한 필치로 써내려 간다. 오랜 시간 성도를 가르치고 교회를 목양한 바 있는 설교자로서 또한 지금은 후학을 지도하는 신학자로서 저자의 강해는 쉬우면서도 깊이 있고 오네시모와 빌레몬 시대의 역사적 배경에 천착하면서도 지금 이 시대의 교회 현장도 외면하지 않는다. 본서의 장점은 탄탄한 원문 주해와 풍성한 신학적 설명, 그리고 적실한 목회적 적용에 있다. 무엇보다도 본서는 불신이 팽배한 시대에 복음 설교만이 사람을 변화시킨다는 확신에 가득 차 있다. 저자의 확신대로 이 책을 읽고 구원의 은혜로 변화된 밝은 눈과 귀와 충만한 가슴을 지닌 그리스도인이 많아지기를 소원하며 기쁘게 추천한다.

신호섭(올곧은교회 담임목사, 고려신학대학원 외래교수)

좋은 강해 설교에 대해서 이상웅 교수님께 감사드리면서

교회의 오랜 전통에 의하면 오랫동안 훌륭한 목회로 교회를 잘 섬기며 깊이 있게 설교하며 학문적 노력도 많이 하시는 분들은 신학교에서 청빙하여 한 교회를 섬기는 일에서 벗어나 전국의 교회를 섬기는 교회의 박사(doctor ecclesiae)가 되도록 하여 다음 세대의 목회자를 가르치고 전국 교회의 당면한 문제 해결을 감당하도록 하였다. 우리나라는 그렇지 못한 것이 사실 문제인데, 우리나라에도 이에 해당하는 분이 계시니 바로 우리에게 이 강해서를 선물로 주시는 이상웅 교수님이다. 화란에서 유학한 것을 바탕으로 계속해서 공부하고 연구하는 사람으로 사시면서 대구에서 귀한 목회 사역을 잘 감당하시고 또 늘 관심을 가지고 계신 조나단 에드워즈 연구로 귀한 박사 학위를 취득하시고, 총신의 청빙을 받아 이미 오랫동안 가르치시고 계시는 이상웅 교수님은 계속 연구하는 학자요 동시에 목회자(Scholar-pastor)라고 할 수 있다. 이전에 목회하시면서 교우들에게 빌레몬서를 찬찬히 강해하신 것을 좀더 가다듬어 한국 교회 전체에 주시는 이 귀한 선물을 우리는 감사함으로 받게 된다.

이전에 이 귀한 강설을 들었던 것이 성도에게 복이 되었듯이 이제 우리 모두가 이 강설을 통해 하나님의 은혜를 받아 갈 수 있었으면 한다. 주께서 이런 귀한 분을 우리에게 주시고, 이를 통해 어떻게 깊은 학문적 노력이 평이하고 쉬운 글로 교회 전체에 전달될 수 있는지의 모범을 주시는 것에 대해서도 감사하게 된다. 이 책에 대해서 참으로 감사하다면 모두 이 책을 찬찬히 읽어가면서 속으로 이상웅 교수님의 말씀을 찬찬히 들었으면 한다. 특히 조직신학과 설교의 구체적인 관계를 잘 드러내 주시는 일에 대해서 감사하면서 우리 모두가 오네시모의 심정으로 감사를 표현했으면 한다.

이승구(합동신학대학원대학교 조직신학 교수)

저자 이상웅 교수님은 신학교에서 후학에게 신학을 가르치는 교수 사역을 감당하고 있지만, 담임목사로서 말씀을 선포하는 설교자 역할도 훌륭하게 감당했던 경험이 있다. 그러다 보니 말씀을 풀어내는 깊이가 있을 뿐 아니라 그 말씀을 삶에 적용할 수 있도록 돕는 균형 감각도 있다. 본서는 저자가 실제 목회하던 현장에서 준비하고 선포했던 내용을 수정 보완한 것이다. 목회자의 첫 번째 소명이 성경 강해를 통해 하나님의 모든 뜻을 밝히 전하는 데 있다고 믿으며 사역했던 저자의 설교자 상을 보여준다.

본문의 문장과 단어 하나하나의 의미를 주의 깊게 살피되, 주요 주석을 참고해서 객관적인 설명을 하려고 노력했다. 본문에 대한 꼼꼼한 관찰을 통해 빌레몬서가 단순히 개인적인 사신이 아니라, 위대한 은혜의 복음을 담고 있으며, 그 복음을 현실적으로 가장 민감한 사안에 잘 적용하고 있는 서신임을 밝혀줌으로 오늘날 우리가 당면하는 여러 가지 난제에 대해서도 시류에 따르지 아니하고 복음의 적용이라는 관점에서 시도하도록 도움을 준다.

이찬수(분당우리교회 담임목사)

신약성경과 독자인 우리 사이에는 건너야 할 강이 놓여 있다. 어떤 경우는 강폭이 좁고 어떤 경우는 넓다. 강폭이 넓은 경우에는 역사적, 문화적 배경, 단어 연구와 같은 후속 작업을 통해 본문의 일차적인 의미에 접근한다. 그러나 그것으로 모든 것이 끝난 것은 아니다. 오늘 우리에게 주는 이차적인 의미도 살펴야 한다. 일차적인 의미를 살피지 않으면 본문의 의미를 왜곡하기 쉽고, 이차적인 의미를 살피지 않으면 딱딱할 수 있다. 본문을 강해할 때 이 둘 사이의 균형을 갖추는 것은 매우 어렵다. 그러나 반드시 추구해야 하는 것이다. 이상웅 교수님의 빌레몬서 강해는 둘 사이의 절묘한 균형을 담고 있다. 본서는 1세기 당시의 역사적 문화적 배경뿐만 아니라 헬라어 단어에 대한 적절한 분석을 통해 본문의 의미를 명쾌하게 해준다. 다방면의 독서가로 알려진 학자답게 현대의 해석뿐만 아니라 초대 교회 교부들과 종교개혁자들의 해석도 소개하고 있다. 또한 시의적절한 예화를 통해 본문의 세계를 더 제대로 들여다보게 한다. 빌레몬서를 체계적으로 공부하고자 하는 성도나 연속 강해 설교를 하고자 하는 목회자가 반드시 읽어야 하는 좋은 책이다. 많은 독자가 이 책을 통해 풍성한 말씀의 은혜를 경험하게 되리라 확신하며 즐거운 마음으로 추천한다. **이풍인**(총신대학교 신학대학원 신약학 교수, 개포동교회 담임목사)

본서는 바울이 쓴 서신 중에서 가장 짧은 서신에 대한 매우 상세하고 친절한 강해다. 저자 이상웅 교수는 지난 30년간 쌓아온 신학적 경륜과 지혜 그리고 전문적인 지식과 통찰력을 활용하여 빌레몬서에 대한 심오한 강해서를 내놓았다. 본서는 신학자와 목회자뿐만 아니라 일반 성도에게도 큰 신앙적 유익을 주는 탁월한 강해서다. 무엇보다 빌레몬서에 드러난 하나님의 은혜와 사랑을 적절하게 강조하고 있으며, 성도 간의 아낌없는 칭찬과 적극적인 사랑의 중요성을 바르게 지적하고 있다. 또한 성도 생활에 있어서 자발적인 선행의 중요성 역시 강조하고 있다. 가장 '작은' 서신인 빌레몬서를 가장 '위대한' 신앙적 교훈을 주는 책으로 읽을 수 있게 한 저자의 노력을 치하하지 않을 수 없다. 하나님 말씀의 빈곤을 심각하게 경험하고 있는 이 시대를 살아가면서 해갈의 말씀을 사모하며 분투하는 모든 예수님의 사람들에게 적극적으로 추천한다. **정성욱**(미국 덴버신학대학원 조직신학 교수)

저자 서문

　이 작은 책자에서 소개하는 것은 신약성경 27권 중 분량이 무척 작은 서신인 빌레몬서를 강해한 내용입니다. 스물 다섯 절 밖에 되지 않고, 헬라어 333 단어로 구성된 이 작은 서신은 바울의 13개 서신 가운데 가장 소홀히 다루어지기 쉬운 서신이기도 합니다. 눈으로 읽어 본다고 해도 1분 정도면 읽고 지나갈 수 있고, 내용적으로는 바울이 도망쳤던 노예인 오네시모를 원주인 빌레몬에게 돌려보내면서 선처해 줄 것을 간청하는 개인 편지로구나 하면서 쉽게 지나 버릴 수 있기도 합니다. 설교자들도 이 본문에 대해 강해를 한다고 해도 짧게는 한 번에, 길게는 서너 번 정도면 다루고 지나갈 수 있는 서신입니다. 그러나 이렇게 간결하고 단순한 내용을 담고 있는 서신인데도 불구하고 어느 날 빌레몬서의 세계가 열리고 보니 본서의 제목처럼 작은 서신 안에 위대한 복음이 담겨 있다("작은 서신 안에 담긴 위대한 복음")는 사실을 경탄하면서 고백할 수밖에 없게 되었습니다. 바울은 그리스도의 구속 사역을 통해서 성취되고, 성령의 역사를 통해 경험하게 되는 하나님의 풍성한 은혜가 성도의 실제적인 삶 속에서 어떻게 적용되며 어떻게 변화를 가져올 수 있는지 이 사신(私信)에서 잘 보여주고 있습니다. 더욱이 당시대의 철옹성 같이 견고했던 노예제 slavery와 연관해서도 복음이 어떠한 변화를 가져다 줄 수 있는지를 이 빌레몬서는 잘 보여주고 있습니다.

빌레몬서는 에베소서, 빌립보서, 골로새서 등과 더불어 일반적으로 옥중서신 Captivity Epistles으로 불렸습니다. 그리고 학자 간에는 골로새서와 빌레몬서에 언급된 감옥이 에베소에 있던 감옥이라고 주장하는 이들도 있지만, 전통적인 해석은 로마에 있던 감옥이라고 하는 견해가 우세합니다. 사도행전 28장에서 언급한 대로 바울이 로마에 수감된 첫 번째 시기에 쓰인 서신 중 하나라고 하는 것입니다. 바울은 미결수의 신분으로 황제의 처분을 기다리면 비교적 복음 전파의 자유를 누렸던 것으로 파악되는데, 그러한 생활 중에 만나게 된 사람이 바로 골로새에서 도망쳐 온 오네시모였습니다. 그는 이전에는 쓸모없는 자였지만 바울을 만나 그리스도의 복음을 믿게 된 후에는 변하여 새 사람이 되었습니다. 바울은 당시의 사회적인 제도를 무시하지 아니하고 오네시모를 다시 옛 주인 빌레몬에게 돌려보내 화해를 시키고자 했고 가능하다면 다시 자신에게 돌아와 복음 사역에 조력하는 동역자가 되어주기를 소망했습니다. 이러한 저작 의도를 가지고 바울은 이 짧지만 감동적인 서신을 빌레몬과 그 가정에 써 보내었던 것입니다. 그러나 바울은 빌레몬에게 사도적인 권위로 무엇을 해달라고 명령하지 않았습니다. 그는 온화한 심정을 드러내며 섬세하게 빌레몬의 마음에 닿도록 글을 써내려 갑니다. 오네시모의 진정한 변화와 복음 사역에 얼마나 유익한 존재가 되었는지에 대한 칭찬을 하고, 빌레몬의 잘 알려진 신행(信行)을 칭찬하는가 하면 여러 가지 말로 사랑의 간구를 했습니다. 또한 바울은 빌레몬이 자신에게 진 영적인 빚을 기억해 줄 것을 암시하는가 하면, 오네시모가 끼친 경제적 손해에 대해 자신이 보상해 주겠다고 친필로 확언하기도 했습니다. 바울이 오네시모의 면천을 암시하거나 실제로 빌레몬이 그렇게 해주었을 가능성에 대해서 회의적인 학자도 있지만, 바울이 신중하게 쓴 본문과 행간을 주의 깊게 읽어본다면 우리는 그런 가능성도 배제할 수 없다는 생각이 듭니다.

  본 강해서의 토대가 된 것은 대구 산격제일교회에서 담임목회하던 시기였던 2010년경 빌레몬서의 세계가 열리어 새벽 강단을 통해 10회에 걸쳐 강해를 하고 여름 수련회를 통해 다시 나누었던 것에서 비롯된 것입니다. 빌레몬서를 일반적인 수준에서 생각하다가 우연히 접하게 된 곽선희 목사님의 2002년 빌레몬서 강해 네 편을 오디오로 들으면서 많은 깨달음을 얻었던 것이 발단이 되어 빌레몬서에 대해 구할 수 있는 거의 모든 자료를 구하여 읽고 연구하고 설교 원고 형태로 준비하여 제가 섬기던 교회에서 먼저 나누었습니다. 일반적으로 설교 원고에 각주나 미주를 다는 경우는 드물다고 하겠지만, 빌레몬서의 경우는 나름 다양한 주석을 달았습니다. 빌레몬서의 중요성을 늘 잊지 않고 있기에 언젠가 이 원고를 수정 보완하여 출간해야 겠다는 소망을 품고 있었으나 그럴 여유를 얻지 못하다가 재직 중인 학교가 학내 사태로 인하여 많은 진통을 겪어야 했던 이번 봄에야 드디어 시간과 용기를 내어 출간 준비를 서두르게 되었습니다. 빌레몬서는 주후 1세기 로마 제국 시대에만 의미 있는 것이 아니라 21세기를 살아가는 우리에게도 깊은 교훈과 감동을 주는 서신이라는 사실을 다시금 확인할 좋은 기회가 되기를 소망하며 본서를 내놓습니다. 본서에 좋은 점이 있다면 선대의 연구를 통해 풍성하게 베푸신 하나님의 은혜일 것이고, 부족한 부분은 필자가 이것을 제대로 담아내지 못한 까닭이라 여기시고 너그러이 양지해 주시기 바랍니다. 수십 개의 미주를 달긴 했으나 본서는 주해나 주석이 아니라 현장에서 전하기 위해 준비하고 보완한 설교 혹은 강해라는 점을 유념하시고 읽어주시면 좋겠습니다.

작은 강해서지만 본서를 출간하려는 시점에 감사하고 싶은 분들이 있습니다. 우선은 2007-2012년 어간에 담임목회자로 섬겼던 대구 산격제일교회 모든 회중에게 감사를 드립니다. 1주에 10회 가량의 설교를 전하기 위해 매일 같이 목양실에 머물면서 성경 본문과 주요 해설서와 씨름하면서 때로는 쓰디 쓴 고초도 겪었지만 그러한 과정을 통해 늘 말씀 앞에서 살 수 있었던 것은 늘 감사해야 할 일일 것입니다. 어느 목회자나 그러겠지만 저도 목회지에서 크고 작은 어려움을 겪었던 터라 늘 하나님의 말씀에 대한 사모의 심정을 가지고 청취하고 격려해 주셨던 성도들이 잊히지 않습니다. 신학대학원 교수로 보낸 6년의 세월 동안 수많은 교회를 방문하거나 설교할 기회를 얻었는데, 그러한 경험을 통해 절망을 토로하는 조국 교회 가운데 여전히 순수한 복음을 듣기를 소망하고 들은 말씀에 따라 분투 노력하며 살기를 힘쓰는 그리스도인이 많았던 것은 대단히 고무적인 일이었습니다. 본 강해서 역시도 그렇게 말씀을 사모하는 분들의 손에 들려 작은 유익이라도 끼칠 수 있게 되기를 소망합니다. 또한 신실한 말씀의 사역자가 되기를 소망하며 훈련 과정 중에 있는 본교 신학생들이나 수 많은 복음의 사역자들에게도 성경 텍스트를 세밀하게 붙잡고 씨름하며 그 의미를 현대에 전달하려고 분투 노력한 흔적인 본서가 작은 참조점이 될 수 있기를 바랍니다. 이제 공사다망한 중에도 부족한 글을 읽고 추천사를 써주신 김규섭 교수님, 김진현 목사님, 신호섭 교수님, 이승구 교수님, 이찬수 목사님, 이풍인 교수님, 정성욱 교수님(가나다 순) 일곱 분에게 감사의 인사를 드립니다. 아울러 박사 논문을 지도해 주셨던 은사 김길성 교수님의 칠순을 맞이하여 본서를 간행하게 되었기에, 사은(師恩)에 다시 감사를 드리며 김길성 교수님께 본 소강해서를 헌정하고자 합니다. 또한 이렇게 단행본으로 출간할 수 있도록 허락해 준 솔로몬출판사 대표 박영호 장로님께 감사를 드립니다. 마지막으로 양가 부모님과 26년을 넘게 동고동락해 온 아내 김영신과 아들 이진희를 기억하며 고마운 마음을 전합니다. 빌레몬서에서 보여주는 바울처럼 성령으로 충만한 사랑의 간구자가 될 수 있기를 희망하면서 이 서문을 마치고자 합니다.

2018년 6월 29일
장마 기간이 시작된 양지 연구실에서 이상웅 自序

차례

추천사

저자 서문

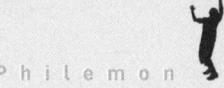

1. 바울이 빌레몬에게(1-2절) ·· **19**
2. 그리스도인의 인사말 - 은혜와 평강(3절) ·· **43**
3. 아낌없는 칭찬(4-7절) ·· **59**
4. 사랑으로써 간구하노라(8-10절) ·· **73**
5. 자발적인 선행(11-14절) ·· **85**
6. 사랑받은 형제로 둘 자라(15-17절) ·· **101**
7. 내 마음이 평안하게 하라(18-20절) ·· **117**
8. 내가 말한 것 보다 더 행할 줄을 아노라(21-22절) ·· **131**
9. 바울의 동역자들의 문안(23-24절) ·· **145**
10. 마지막 인사(25절) ·· **159**

미주

Philemon

1. 바울이 빌레몬에게 (1-2절)

> 그리스도 예수를 위하여 갇힌 자 된 바울과 및 형제 디모데는 우리의 사랑을 받는 자요 동역자인 빌레몬과 자매 압비아와 우리와 함께 병사 된 아킵보와 네 집에 있는 교회에 편지하노니

우리가 함께 읽고 살펴보려는 빌레몬서는 여러 가지 면에서 독특한 서신입니다. 이 서신은 바울이 쓴 13개 서신 가운데 무척 짧은 서신입니다. 길이가 책으로 단 한 장 밖에 되지 않습니다. 헬라어 원문은 손바닥이 긴 사람의 경우는 한 손바닥에 들어갈 정도의 내용 밖에 되지 않습니다. 총 333개의 헬라어 단어로 구성되었습니다. 신약 성경 가운데 요한이서와 삼서를 제외하면 가장 짧은 책이기도 합니다. 그리고 우리가 본문을 일부 읽었습니다만, 바울은 본문에서 거듭 자신이 감옥에 갇혀 있다는 사실을 밝히고 있습니다. 따라서 빌레몬서

는 에베소서, 빌립보서, 골로새서 등과 더불어서 바울의 옥중 서신이라고 불립니다. 더 두드러진 특징이 무엇인가 하면 이 서신은 너무나도 개인적인 편지personal letter라는 것입니다. 다른 서신은 신학적인 주제를 다루거나, 아니면 교회 내에서 일어난 문제에 대해 바울이 사도적인 권위를 가지고 답변을 하든지, 아니면 다음 세대 사역자를 위하여 어떻게 목회를 할 것인지에 대해 쓴 것인데 비하여, 빌레몬서는 개인적인 문제로 빌레몬이라는 사람에게 써 보낸 편지라는 것이 특징입니다. 그래서 바울은 자신을 소개할 때 사도라고 하는 공식적인 직함을 쓰지 아니하고, "그리스도 예수를 위하여 갇힌 자 된 바울"(1절)이라고 쓰고 있습니다.

빌레몬서는 바울이 개인적으로 빌레몬이라고 하는 사람에게 썼기 때문에 어느 서신보다 인간미가 넘쳐나고 따뜻한 정서를 느끼게 해 주는 편지입니다. 그렇다고 할지라도 본 서신은 바울이 한가로이 개인적인 인사나 하려고 보낸 크리스마스 카드 같은 것이 아닌 것도 분명한 사실입니다. 아무리 사적인 편지라고 할지라도 바울의 글 가운데는 복음적인 내용이 넘쳐흐르고 있다는 것을 확인할 수 있습니다. 바울은 자신이 공개적으로 선포하고 가르쳐 온 복음의 진리를 본 서신에 적용하고 있습니다. 그래서 본 서신에서도 바울의 구원론, 교회론, 그리고 그리스도인의 삶의 윤리 등이 들어 있다고 흔히 말합니다. 총 10번에 걸쳐 이 짧은 서신을 살펴보려고 하는데, 첫 강해에서는 본서의 서론 부분에 대해 말씀드리려고 합니다.

1. 빌레몬서의 중요성

먼저 빌레몬서의 중요성에 대해서 어떻게 평가하여 왔는지에 대해 몇 가지 사례를 살펴보도록 하겠습니다. 우선 영국의 신약 주해가 윌리엄 바클레이는 본 서신의 사적인 성격을 대단히 중요하게 생각했습니다. 그의 말을 들어봅니다. "이 편지는 은혜와 매력으로 가득 차 있는데 그것은 별문제로 하더라도 우리의 수중에 있는 바울이 쓴 유일한 사신(私信)이라는 사실 자체가 이 편지를 특별한 흥미와 의의를 지니게 한다."[1] 바울 신학자인 랄프 P. 마틴은 빌레몬서에 대해서 "바울의 인격을 알기 위해 열려진 창문"이라고 평가했고, "만약 이 작은 문서가 보존되지 않았더라면, 바울에 대한 우리의 지식은 아주 빈약할 수밖에 없었을 것이다."라고 말하기도 했습니다.[2] 딕 루카스는 본 서신에 대해서 "신약의 특별한 보물"이라고 표현했고,³ R. C. H. 렌스키는 "바울의 편지는 구구절절 사도의 정신에 필적하려는 자에 대하여 고귀한 완전성을 가진 것으로 표현되어 있으며, 그 완전한 방법에서 사도의 정신은 다른 사람의 마음에까지 뻗어 나가고 있다. 이 서신 전체는 순금이다. 그러므로 이 서신이 정경 가운데 들어 있다는 것은 조금도 놀랄 일이 아니다."라고 호평한 바 있습니다.⁴ 대부분의 바울 연구가가 본서의 바울 저작설을 인정하고 있는데도 불구하고 이러한 정통 견해를 거부하였던 19세기 독일의 F. C. 바우어라는 비평주의자 조차 본서가 "고상한 기독교 정신을 보여준다."는 점은 인정하지 않을 수 없었습니다.⁵

그러면 이제 종교개혁자 루터와 칼빈의 견해를 청취해 봅니다. 루터는 1522년에 발행한 9월 성서(루터가 바르트부르크 성에서 번역한 신약성경)에 붙은 이 책 서언에서 다음과 같이 말하고 있습니다. 그의 나이 39세 때에 쓴 글입니다.

> 이 서신은 그리스도교 사랑의 대가다운 사랑할 만한 예증을 나타낸다. 왜냐하면 성 바울이 어떻게 불쌍한 오네시모를 용납하고 그를 위해 자기가 할 수 있는 모든 것을 동원해서 그의 주인에게 대신 변호하고 범법한 오네시모 자신과 다름없이 처신했다. 오히려 그는 충분히 권리를 가진 권위와 강제력으로 하지

않고 빌레몬으로 하여금 자기의 권리를 포기하도록 설득했다.[6]

또한 루터는 1527년에 행한 『빌레몬 강의』Lectures on Philemon를 시작하면서 다음과 같이 말하고 있습니다.

> 이 편지는 참으로 순전히 사적이고 가정적인 것이다. 그럼에도 불구하고, 심지어 사적인 문제를 다루고 있는 이곳에서 조차 그리스도에 관한 일반적인 교리를 가르치기를 억제할 수 없었다. "믿음 안에서"(딛 3:15). 이것은 교회 안에서 이 교리를 보존하기 위하여 그가 어떻게 권면하고 강조하는지를 보여준다. 그는 어느 노예를 그 주인에게 화해시키되 어떤 것도 성취할 수 없을 것 같은 방식으로 수행했다. 그러나 당신은 키케로가 보지 못했던 탁월한 교리를 볼 수 있을 것이다. 우리는 그리스도가 현존하시지 않는 일상은 아무 것도 없다는 점을 보여주기 위해서 이것들을 부지런히 설명해야 한다.[7]

또한 그는 이 서신에서 "사랑의 위대한 본"을 발견한다고 말하기도 했습니다.[8] 그러면 이제 루터를 이은 제2세대 종교개혁자였던 존 칼빈이 본 서신에 대해서 어떻게 평가하고 있는지 살펴보도록 하겠습니다.

비록 더욱 중요한 서신 속에 더 잘 나타나고 있다고 할지라도, 이 서신 속에는 바울 영혼의 숭고한 우수성 역시 두드러진다.… 그는 도망친 노예이자 도둑을 그의 주인에게 돌려보내려 하고 있으며, 그를 용서할 것을 간구하고 있다. 그의 논점을 설명하면서 그는 기독교적 관용을 토론하는데, 한 개인의 사적인 문제보다는 전 교회의 유익에 관해 생각하는 정도의 무게로 다룬다. 아주 천한 조건에 있는 한 사람 대신에, 우리가 다른 곳에서는 그와 같이 온유한 성격에 대한 생생한 그림을 거의 발견할 수 없을 정도로 그렇게 정중하고 겸손하게 자신을 낮춘다.[9]

이처럼 종교개혁자 루터나 칼빈을 비롯한 성경학자들은 이 작은 서신의 중요성과 가치를 여러 가지 말로 호평하고 있기 때문에, 서신을 신중하게 읽고 공부할 필요가 있습니다.

2. 그리스도 예수를 위하여 갇힌 자 된 바울

두 번째로 살펴 볼 것은 이 편지를 쓴 사람에 대한 것입니다. 1절에 보시면 "그리스도 예수를 위하여 갇힌 자 된 바울과 형제 디모데는"이라고 시작하고 있음을 보게 됩니다. 전통적으로 빌레몬서를 사도 바울이 썼을 것이라고 하는 점에 대해서는 거의 이의가 없습니다. 소수의 극단적인 비평학자들만이 바울 저작권을 부인하였을 뿐입니다. 바울은 편지를 쓸 때에 동역하고 있던 신실한 사역자의 이름을 같이 언급하는 버릇이 있습니다. 실루아노를 언급하는 경우도 있고, 디모데를 언급하는 경우도 많습니다. 빌레몬서에서 바울은 디모데만 언급하고 있는데, 그를 형제라고 호칭하고 있습니다.

우리는 다른 서신에서는 일반적으로 사도라고 하는 점을 강조하곤 했던 바울이 본서에서는 사도라는 직분을 언급도 하지 않은 것과 믿음의 아들이었던 디모데를 형제라고 언급하고 있는 점을 주목해 보아야 합니다. 갈라디아서 같은 서신에서는 "사람들에게서 난 것도 아니요 사람으로 말미암은 것도 아니요. 오직 예수 그리스도와 그를 죽은 자 가운데서 살리신 하나님 아버지로 말미암아 사도된 바울"(갈 1:1)이라고 힘주어 강조했던 그가 왜 빌레몬서에서는 사도됨을 강조하지 않은 것일까요? 갈라디아 교회 같은 곳에서는 바울의 사도권에 대한 반대가 극심했기 때문에 그렇게 한 것이고, 빌레몬서의 경우는 편지를 받는 이들이 바울의 사도권에 대해 전혀 의심하지 않았을 뿐 아니라 바울을 진심으로 존경하고 있었기 때문에 사도라는 호칭 자체를 언급할 필요가 없었던 것입니다. 그가 예수 그리스도의 사도로서 복음을 위하여 헌신하고 있다는 것을 잘 알고 존경하고 있는 사람들에게 구태여 내가 사도다라고 강조할 필요가 없었던 것입니다.

그 대신에 바울은 독특한 표현으로 자기를 지칭하고 있음을 주목해 보아야 합니다. 즉, 그는 자신을 "그리스도 예수를 위하여 갇힌 자 된 바울"이라고 부르고 있다는 점입니다. 이 표현을 표준새번역에서는 "그리스도 예수 때문에 감옥에 갇힌 나 바울"이라고 옮기고 있습니다. 빌레몬서를 쓰고 있는 시점에서 바울이 감옥에 갇혀 있었다는 사실을 우선 알 수 있습니다. 바울이 언급하고 있는 감옥을 에베소에 있던 감옥이라고 주장하는 학자들도 있지만 대체로 전통적인 입장을 따르는 이들은 사도행전 28장 말미에 언급된 로마시에 있던 감옥이라고 보는데 거의 이의가 없습니다.[10] 그러면 이제 바울이 자신을 지칭하고 있는 표현에 대해서 살펴보도록 하겠습니다. 우리가 사도행전을 통해서 알고 있듯이, 사도 바울은 유대 지방 총독 베스도Festus 면전에서 "가이사께 상소하노라."Caesarem appello라고 하는 바람에 로마로 압송되어 갔으며, 그의 신분은 네로 황제의 처분에 따라 살 수도 죽을 수도 있는 미결수 신분에 처하게 되었습니다. 현상적으로 보자면 그의 목숨은 네로 황제의 처분에 달려 있었습니다. 그러나 그는 그런 인간적인 상황보다는 본질적인 명분을 중요하게 생각했으니, 자신은 그리스도 예수를 위하여 갇힌 자라는 것입니다. 동일한 시기에 쓴 에베소서 3장 1절에도 보시면 "이러므로 그리스도 예수의 일로 너희 이방인을 위하여 갇힌 자 된 나 바울"이라고 말하는 것을 보게 됩니다. 바울이 그렇게 옥에 갇히게 된 것은 그리스도를 위한 봉사 때문이라고 하는 점을 분명히 자각하고 있고 그것을 자랑스럽게 생각하고 있습니다. 일반적으로 생각하더라도 감옥에 갇혀 있다고 해서 같은 종류 죄수는 아닌 것입니다. 비난받을 만한 잡범도 있고, 사상범도 있고, 대의명분을 위해서 고난을 당하는 의로운 수난자도 있습니다. 마찬가지로 바울은 자신이 로마 옥중에 수감되어 있을지라도 다른 죄수와 달리 예수 그리스도를 위해서 갇힌 자가 되었다는 점을 명예롭게 생각하고 있습니다.

그러면 이제 우리는 바울의 이러한 고백이 수신자인 빌레몬에게 어떤 의미를 가지는지에 대해 깊이 생각을 해 볼 필요가 있습니다. 바울은 지금 도망친 노예인 오네시모의 선처를 부탁하는 편지를 쓰고 있는데, 그리스도 예수를 위하여 갇힌 자가 되었다고 하는 바울의 고백은 어떤 의미를 전달하였을까요? 바울이 그리스도를 위하여 생애를 바친 사람으로서 자유로울 때는 불철주야 복음을 전했고, 심지어는 그 불편한 로마 옥중에 갇히기까지 했다는 것은 그리스도를 위한 숭고한 희생 정신을 보여줍니다. 이러한 바울의 희생적인 삶은 경건한 신자였던 빌레몬과 골로새 교회 성도들에게 큰 감명을 주었을 것입니다.[11] 그래서 빌레몬의 마음을 움직여 오네시모에 대해서 선처하도록 만드는 데 영향력을 미쳤을 것이 틀림 없습니다. 이처럼 지도자는 자기 희생과 헌신의 모범을 통해서만 회중에게 감화를 끼칠 수 있다고 하는 점을 인정할 수 밖에 없습니다. 허버트 카아슨은 이점에 대해 좀 더 명료하게 해설을 해 주고 있는데 인용해 보도록 하겠습니다.

> 반면에 바울은 그리스도를 위하여 자신의 자유까지도 희생한 사람이기 때문에, 희생에 대해 호소할 수 있는 기반을 갖춘 자라고 할 수 있다. 이러한 기반은 진실한 목회를 하고자 하는 목회자에게는 누구에게나 필요한 조건이다. 목회자가 자기 자신의 생활 가운데서 희생의 의미를 직접 깨닫지 않고서는 성도들에게 자기 희생의 도리를 호소할 수 없었을 것이기 때문이다. 만일 목회자가 아무런 경험도 갖지 않고서 원칙만을 호소한다면, 그 호소는 아무런 알맹이도 없고 생명도 없는 공허한 부르짖음에 불과할 것이다.[12]

이러한 요점은 효과적인 의사소통이 이루어지기 위해서는 로고스*logos*, 파토스*pathos*, 그리고 에토스*ethos*의 3대 요소가 고루고루 작용해야 한다고 하는 그리스 수사학 전통의 주장과도 어느 정도 일치하는 면이 있습니다. 그 수사학 이론을 설교에 적용해 본다면, "로고스는 설교의 내용을 가리키고, 파토스는 설교의 내용과 전달 과정에 개입하게 되는 정서적 차원을 가리키며, 에토스는 설교자 자신의 영성과 인격의 차원"을 가리킨다고 할 수 있습니다. 현대 커뮤니케이션 이론에 따르더라도 효과적인 의사소통에서 로고스가 차지하는 위치는 30퍼센트에 불과하다고 합니다.[13] 결국 회중에게 메시지가 전달되기 위해서는 바른 내용뿐 아니라 전달 시의 열정이 가미되어야 하고, 뿐만 아니라 메시지와 일치하는 삶이나 영성이 바탕이 되어야 한다는 점을 잘 보여준다고 할 것입니다. 그런 점에서 보자면 사도 바울의 희생적인 삶은 신실한 그리스도인에게 호소력을 가질 수 있었습니다. 바울이야말로 역사상 유일하게 다음과 같이 말할 수 있는 사람이었음을 부인할 사람은 없을 것입니다. "내가 그리스도를 본받는 자가 된 것 같이 너희는 나를 본받는 자가 되라"(고전 11:1).

3. 수신인

이제 바울이 이 편지를 누구에게 쓰고 있는가, 다르게 말해서 이 편지를 받아 본 사람은 누구인가, 수신인에 대해서 살펴보도록 하겠습니다. 1절 하반절과 2절에 보시면 바울이 누구에게 이 편지를 쓰고 있는가에 대해 말해 주고 있습니다. "우리의 사랑을 받는 자요 동역자인 빌레몬과 자매 압비아와 우리와 함께 병사 된 아킵보와 네 집에 있는 교회에 편지"한다고 바울은 말합니다. 바울에 따르면 편지를 받아 볼 개인의 이름은 빌레몬, 압비아, 그리고 아킵보 세 사람입니다. 이들은 모두가 당시 로마의 소아시아 속주Asia Minor에 속한 골로새에 살고 있던 자들입니다. 이들은 골로새 교회 교인들의 이름입니다. 그리고 전통적으로 빌레몬은 가장의 이름이요, 압비아는 그의 아내의 이름이며, 아킵보는 그들의 아들의 이름이라고 합니다.[14] 그중에 빌레몬이라는 사람이 본 서신을 받아 보게 되는 주인공입니다. 그리고 골로새 교회는 빌레몬의 가정을 집회 장소로 사용하고 있었습니다. 네 집에 있는 교회라는 표현이 그것을 말해 줍니다. 우리나라의 경우에도 교회를 개척하면서 여러 가지 사정으로 집회 장소를 얻지 못하고 개인의 가정에서 모여 예배를 드리는 경우가 있습니다만, 초대 교회 시대에는 교회당이라고 하는 독립된 건물을 세내지 않고 특히 넓은 집을 가지고 있는 성도의 가정에서 예배를 드리는 것이 일반적이었습니다. 적어도 300여 년 동안 초대 교회 역사 가운데는 독립적인 교회당을 지었다는 기록이 없습니다. 카타콤베와 같은 곳에서 모이거나 아니면 골로새 교회와 같이 가정 교회 house church 의 형태로 집회를 했습니다.[15]

빌레몬- 우리의 사랑을 받는 자요, 동역자

빌레몬 Philemon 이라는 이름의 뜻은 "애정 있는 사람" 혹은 "사랑의 사람"입니다.[16] 이 빌레몬이 어떻게 예수 그리스도를 믿게 되었는지에 대해서는 우리가 정확하기 알 수 없습니다. 그러나 본문 19절을 참조해 보면 아마도 그는 사도 바울이 소아시아 전도를 하고 있을 때 바울을 통해서 복음을 듣고 예수님을 믿게 되었던 것 같습니다. 그러니까 바울식으로 말하자면 빌레몬이라는 사람은 바울이 복음으로 낳은 바울의 영적인 아들인 셈입니다. 빌레몬이 살고 있던 골로새 지역에 교회가 어떻게 설립되었는지에 대해서는 사도행전이 침묵하고 있기 때문에 우리가 정확하게 알기가 어렵습니다. 그러나 사도 바울이 소아시아의 주요 도시인 에베소에서 3년 동안이나 복음을 전할 때에 에베소 사람들뿐 아니라 주변에 있던 여러

도시의 사람들이 복음을 들었다(행 19:10)는 말씀을 고려해 볼 때 골로새에 살고 있던 빌레몬도 용무로 에베소에 들렀다가 바울의 복음 전도를 받았지 않았겠는가 추정해 보는 것이 가능할 것입니다.

그러면 바울이 1절에서 빌레몬을 무엇이라고 지칭하고 있는지를 주목해 보도록 하십시다. 바울이 "우리의 사랑을 받는 자요 동역자"our dearly beloved, and fellowlabourer라고 빌레몬을 지칭하고 있음을 보게 됩니다. "우리의 사랑을 받는 자요"라는 말은 바울 자신과 디모데가 빌레몬을 특별히 사랑하고 있다는 점을 가리킵니다. 비단 사도의 사랑만 받는 것이 아니라 하나님의 사랑을 받는 자이기도 합니다. 그러나 우리는 바울이 사용하고 있는 "사랑을 받는 자요"라는 표현을 그의 이름의 뜻과 연관해서 생각해 볼 수 있습니다. 그의 이름은 "사랑의 사람"이었습니다. 그는 사랑을 받기도 하지만, 또한 사랑을 하기도 하는 사람이라는 의미를 가지고 있습니다. 바울은 그가 성도를 사랑할 뿐 아니라 오네시모에 대해서도 사랑으로 대해 줄 것을 기대하고 이 편지를 쓰고 있습니다.

그리고 바울은 빌레몬을 동역자라고 칭하고 있기도 합니다. 바울은 헬라어로 쉰에르고스synergos라는 단어를 사용했습니다. 이 말은 "같이 일하는 사람"을 가리키며, "같은 목적을 갖고 같은 목표를 달성하기 위해 함께 손을 잡고 같은 길을 가는 사람"이라는 뜻을 가지고 있습니다.[17] 여기서 동역자라고 한다고 해서 빌레몬이 디모데나 디도와 같이 교역자나 복음 전도에 전력하는 전임 사역자라는 의미는 아닙니다. 사실 빌레몬은 골로새 교회의 교역자가 아니었습니다. 그는 자기의 집을 개방해서 집회 장소로 제공하고, 교역자가 말씀의 사역을 힘쓸 수 있도록 협력하는 오늘날로 말하자면 장로나 집사였을 것입니다. 그러나 그가 감당하고 있는 역할이 너무나 중요하고 요긴하기에 바울은 "복음의 동역자"라고 표현하고 있습니다. 사실 어느 교회나 다 그런 것 같습니다. 아무리 큰 교회라도 대개 열심히 일하고 다른 성도가 믿음 생활 잘 하도록 도와주는 사람은 10퍼센트 정도라고 합니다. 그러면 나머지 90퍼센트는 섬김을 받는 사람들이라고 할 수 있을 것입니다. 어떤 사람은 자기 몫도 감당할 뿐더러 남의 짐도 부담해 주는 사람이 있습니다. 그러나 어떤 사람들은 자신도 열심히 일을 안하면서 남도 일을 하지 못 하도록 방해하는 사람이 있습니다. 그러나 빌레몬은 골로새 교회가 은혜 가운데 자라가고 하나님의 나라 복음이 왕성하게 전파되도록 여러 가지로 섬기는 일꾼이었습니다. 바울은 동역자라는 표현을 사용함으로써 이제 그가 이 편지에서 다루게 될 사안에 대해서

"바울 자신과 같은 마음을 가진 동역자로서 자신의 제의를 존중하여 마음에 의도한 목적을 함께 짊어지고 이룰 수 있기를 바라"고 있습니다.[18]

앞서 빌레몬의 집에서 골로새 교회가 집회를 가졌다는 것을 말씀드렸습니다만, 여러 가지 정황으로 볼 때 빌레몬이라는 사람은 경제적 형편이 꽤 넉넉했던 것 같습니다. 자신의 넓은 집을 골로새 교회의 집회 장소로 제공했고, 또 노예를 거느릴 수 있는 형편이 되는 것을 볼 때 그렇게 추정이 되어집니다. 빌레몬은 자신이 가진 재산을 가지고도 선한 사업에 열심을 내었습니다. 성도를 돕는 일이나 교회 일에 물질적인 헌신을 했다는 것입니다. 그리고 골로새를 방문하는 복음 사역자나 성도를 위해서도 자기 집을 개방해서 묵게 하였습니다. 이 편지 뒤에 보면 바울도 옥중에서 부탁하기를 내가 방면되거든 너의 집에 가서 묵을 수도 있으니 내가 묵을 숙소를 마련하라고 부탁하는 것을 보게 됩니다(22절).

자매 압비아

그리고 우리는 바울이 이 편지를 빌레몬 한 사람에게만 쓴 것이 아니라는 점도 유의해야 합니다. 바울은 빌레몬뿐 아니라 그의 아내인 압비아, 그리고 그의 아들인 아킵보의 이름도 언급하고 있고, 그들의 집에 모이고 있었던 골로새 교회에도 안부를 전하고 있습니다. 바울은 압비아Appia에 대해서 자매라는 호칭을 사용하였습니다. 당시 로마-헬라 사회는 가부장적인 사회였기 때문에 여인의 인격이나 지위는 무시당하기 십상이었습니다. 아리스토텔레스 같은 현명한 사상가조차 여자는 남자에 비하면 절반의 영혼을 가지고 있다고 말할 정도였습니다. 그런데 바울은 압비아를 향해 자매라는 호칭을 사용했습니다. 앞서 1절에서 바울은 심지어 디모데에 대해서도 "형제"라고 호칭하고 있습니다. 분명히 바울은 다른 서신에서는 디모데를 자신의 믿음의 아들(딤전 1:2; 딤후 1:2)이라고 호칭하여 왔는데 말입니다.

인간적으로 보자면 남의 부인을 '자매'라고 부른다든지, 아니면 어떤 사람을 '믿음의 아들'이라고 했다가 '형제'라고 부른다는 것은 그야말로 촌수도 제대로 모르는 이상한 사람처럼 보일 것입니다. 그러나 이것이야 말로 복음 안에서 이루어진 관계의 혁명 때문에 가능하게 되는 것입니다. 갈라디아서 3장 28절에 보면 "너희는 유대인이나 헬라인이나 종이나 자유인이나 남자나 여자나 다 그리스도 예수 안에서 하나이니라."라고 바울은 선언하고 있는데, 이는 도무지 하나가 될 수 없는 무리가 예수 그리스도 안에서 모두 하나가 될 수 있다는 위대한 선언인 것입니다. 예수 그리스도 안에서는 더 이상 유대인이나 헬라인의 인종적인 차별이 없으며, 종이나 자유인이라고 하는 신분상의 차별도 없으며, 남자와 여자라고 하는 성적인 차별도 있을 수 없다는 것입니다. 초대 교회에서는 예수 그리스도를 믿는 이들이 종을 향해서도 형제라, 자매라 불렀고, 황제를 향해서도 형제라 부를 수가 있었습니다. 그리스도인이 그렇게 호칭할 수 있었던 이유는 죄인이었던 우리를 "형제라 부르기를 부끄러워하지 않으시는" 예수 그리스도(히 2:11) 때문입니다. 예수 그리스도께서 우리를 형제 자매라 부르기를 부끄러워하지 아니하시며, 우리를 동등한 하나님 나라의 상속자로 세우기 위해서 십자가에 못박혀 죽으셨기 때문에 우리는 예수 그리스도 안에서 서로를 향해 형제라, 자매라 부를 수 있게 되는 것입니다. 그래서 기독교 복음이 들어가는 곳마다 노예 해방도 일어나고 여성의 지위 향상도 가능하게 되는 것입니다.

아울러 우리는 인류적인 관계가 이 세상에 제한되어 있음을 기억해야 합니다. 우리가 천국에 가서 아담이나 모세, 다윗 같은 분을 만난다고 하면 무엇이라고 칭할까요? 한 하나님을 향해 아버지라고 부르는 성도끼리 부를 수 있는 호칭은 형제 자매 밖에 없을 것입니다. 우리의 육신의 조상을 만난다고 해도 형제라고 부를 것입니다. 그리고 이 세상에서 사랑하며 살았던 배우자끼리 만난다고 해도 더 이상 남편과 아내의 관계가 아니라 형제, 자매의 관계로 만나게 될 것입니다. 예수 그리스도께서 우리를 향하여 형제라, 자매라고 부르시는데 우리 인간끼리 어찌 촌수를 따질 수가 있겠습니까? 이 것은 유교적인 사고방식으로는 도무지 이해할 수 없는 일이지만, 예수 그리스도 안에서 가능하게 되는 일입니다. 따라서 우리가 이 땅위에 살아가는 동안 만나게 되는 모든 성도들을 형제와 자매라고 인식하고 존중하는 것이 대단히 중요한 천국 생활 연습이라고 생각합니다.

우리와 함께 병사 된 아킵보

그리고 바울은 빌레몬과 압비아의 아들인 아킵보Archippus에 대해서 "우리와 함께 병사 된 아킵보"our fellow soldier라고 부르고 있다는 점도 주목해야 할 것입니다. 바울은 아킵보를 보고 '동료 병사'라고 부르고 있습니다. 바울보다 1세기 전에 살았던 율리우스 카이사르(Julius Caesar, 100-44 B.C.)의 경우에는 수 많은 전투 현장에서 동고동락한 병사 앞에 서서 코밀리테스comilites, 즉 동료 전우 여러분! 이라고 부르면 병사들의 심금을 울렸고 용기를 북돋아서 또 다른 전쟁을 치룰 수 있게 했다고 합니다. 반면에 어떤 황제는 단 한 번도 군사와 전쟁터를 누빈 적이 없으면서 카이사르 흉내를 내었다가 망신을 당한 적이 있습니다. 사도 바울은 서신 속에서 군사적인 용어를 여러 번 사용한 사람입니다. 바울은 자신의 인생에 대해서 "나는 선한 싸움을 싸우고"(딤후 4:7)라고 표현했고, 디모데에게도 "너는 그리스도 예수의 좋은 병사로 나와 함께 고난을 받으라."(딤후 2:3)고 권하기도 했습니다. 오늘 본문에서 바울은 빌레몬과 압비아의 아들인 아킵보에게 "우리와 함께 병사된 아킵보"라고 칭하고 있습니다. 이러한 명예로운 호칭은 빌립보서 2장 25절에서 에바브로디도에게도 사용되었습니다.

그러면 사도 바울이 이러한 용어를 아킵보나 에바브로디도에게 사용한 이유가 무엇일까요? 분명히 바울은 카이사르가 치룬 세상적인 전쟁이 아니라 예수 그리스도를 위한 영적인 전투에 있어서 동료 병사된 점을 상기시키기 위해 이 용어를 사용했을 것입니다. 특히 당시에는 이단이라든지 세속 철학이라든지 유대교의 반대 등, 신자가 맞서 싸워야 하는 신앙적인 대적이 많았습니다. 바울은 아킵보를 군사, 곧 그리스도를 위하여 어려움을 참고 견디며 싸우는 용사로 보았습니다. 성경에서 아킵보에 대해 언급하고 있는 또 하나의 유일한 성경 구절은 골로새서 4장 17절인데, 바울은 "아킵보에게 이르기를 주 안에서 받은 직분을 삼가 이루라고 하라"고 권면하고 있습니다. 많은 성경해석학자들은 아킵보가 골로새에서 가까운 라오디게아 교회를 섬겼을 것이라고 추측합니다. 당시의 골로새나 라오디게아 교회에는 여러 가지 이단이 침투해서 어려움이 많은 상황에 처해 있었습니다. 오늘날도 이단과 힘겨운 법정 투쟁을 하게 되는 목회자나 교회를 보게 됩니다. 참 힘들고 괴로운 과정이라고 할 수밖에 없습니다. 아킵보의 경우에도 그렇게 힘든 투쟁을 하면서 낙심과 침체에 빠져 있었는지 모릅니다. 그러한 아킵보를 향해 "동료 군사"라고 부르면서 사역에 따르는 어려움을 잘 감당하도록 바울이 격려해 준 것입니다.[19] 사역 기간이 짧은 초년병에게는 많은 사역 경험을 가진 선배의 격려가 대단히 큰 힘이 될 수가 있다는 점은 그 시절뿐 아니라 오늘날에도 분명히 공감되는 사실일 것입니다. 바울은 자신이나 아킵보가 그리스도의 동료 전우로 동일한 명분을 가진 싸움을 싸우고 있음을 상기시키면서 격려해 주고 있습니다.

이상에서 우리는 빌레몬서 1-2절에 있는 말씀을 살펴보았습니다. 누가 이 편지를 썼는가, 누가 이 편지를 받았는가의 송수신자의 문제를 살펴보았습니다. 빌레몬서는 사도 바울이 로마 옥중에 투옥되어 있을 때 기록한 옥중 서신 중 하나입니다. 그리고 이 편지는 바울이 도망친 노예인 오네시모 때문에 그의 옛 주인 빌레몬에게 써 보낸 것이라는 점도 본문을 통해서 알 수 있습니다. 바울은 분명한 목적의식을 가지고 이 편지를 쓰고 있기 때문에 편지 초두부터 대단히 신중함을 보여줍니다.

바울은 우선 자신을 소개할 때 "그리스도 예수를 위하여 갇힌 자 된 바울"이라고 소개했습니다. 이는 그리스도 예수 때문에 로마 옥중에 갇혀있다는 말입니다. 주님을 위하여 옥에 갇히기까지 헌신하고 순종하는 바울이기에 뭇 성도의 존경을 받을 수 있었습니다. 빌레몬 역시 바울을 존경하는 마음을 가지고 그의 소원하는 바에 좀 더 예민하게 반응을 보일 수 있었을 것입니다. 바울이 희생한 것에 비하면 그가 이제 빌레몬에게 요구하게 될 내용은 그렇게 큰 희생이라고 할 수도 없을 것입니다.

바울은 또한 빌레몬에 대해서 바울과 디모데의 사랑을 받는 자임을 언급했고, 그를 일컬어 "동역자"라고 했습니다. 바울은 빌레몬의 이름 뜻 그대로 '사랑을 받는 자'임을 언급했고, 그가 '예수 그리스도 안에서 한길을 가는 동역자'임을 칭찬했습니다. 위대한 사도에게 이러한 칭찬을 듣는다는 것은 대단히 감격스러운 일이었을 것입니다. 뿐만 아니라 바울은 그의 아내인 압비아를 "자매"라고 호칭했고, 그의 아들로서 라오디게아의 목회자였던 아킵보에 대해서는 영광스럽게도 "우리와 함께 된 병사"라고 부르면서 격려해 주었습니다. 바울은 이와 같이 적절한 명칭을 사용해 가면서 빌레몬 가정의 호의를 끌어냅니다. 물론 바울은 속 빈 덕담을 하는 것이 결코 아니라는 점을 우리는 기억해야 합니다. 바울은 사실을 있는 그대로 지적하면서 그들을 칭찬했고 그들에게 호의를 기대하고 있는 것입니다. 우리는 이와 같은 부드러움과 지혜로움이 효과적인 의사소통에 대단히 중요하다는 것을 기억해야 합니다.

Philemon

2. 그리스도인의 인사말 - 은혜와 평강(3절)

하나님 우리 아버지와 주 예수 그리스도로부터 은혜와 평강이 너희에게 있을지어다.

사도 바울이 기록한 서신이 총 13개인데, 그 모든 서신의 머리말에는 항상 "은혜와 평강이 너희에게 있기를 원하노라."라고 하는 인사말이 빠지지 않고 기록되어 있습니다. "은혜와 평강"grace and peace은 성도 간에 주고받을 수 있는 인사말입니다. 나라마다 특이한 인사말이 있지만, 그리스도인의 경우에는 '은혜와 평강'이라는 말로 인사를 할 수가 있습니다. 이스라엘 사람은 우리가 잘 아는 히브리어로 '샬롬'이라는 인사말을 많이 사용합니다. 샬롬은 평화, 평강이라는 뜻입니다. 중동 지역에 사는 아랍인도 '살라 말리쿰, 말리쿰 살라'라는 인사말을 주고 받습니다. 역시 "평강, 평화"라는 뜻이 담긴 인사말입니다. 이스라엘 사람이나 중동의 아랍 사람은 오랫동안 평화를 염원하고 있는 것입니다. 오랫동안 지지고 볶으며 싸우면서도 만날 때 마다, '샬롬, 살라 말리쿰'하고 있으니 이 얼마나 역설적입니까! 오늘 우리는 사도 바울을 통해 그리스도인의 독특한 인사말을 배우게 됩니다. "은혜와 평강이 당신들과 함께 하기를 원합니다." 혹은 보다 더 정식으로 하자면 "하나님 우리 아버지와 주 예수 그리스도로부터 은혜와 평강이 있기를 원하노라." 이것이 동서고금을 막론하고 모든 그리스도인의 인사말입니다.

1. 평강/평화란 무엇인가?

은혜와 평강, 이 두 단어는 우리 그리스도인에게 있어서 날마다 염원하고 희구해야 할 것이 무엇인지를 함축적으로 포괄하고 있는 단어입니다. 바울은 하나님께서 우리에게 주고자 하시는 분복이 무엇인지 이 두 단어에 담고 있습니다. 그렇기 때문에 우리는 너무나 익숙하게 잘 알고 있다고 생각하며 무의식적으로 사용하고 있는 이 두 단어를 한 번 깊이 음미해 볼 필요가 있습니다.

20세기 영국의 유명한 강해 설교자였던 마틴 로이드-존스 목사는 이 두 단어의 관계와 중요성에 대해서 아주 적절한 논평을 하고 있습니다.

> 이 두 말, 은혜와 평강이라는 말보다 우리 믿음 전체에 더 중요한 것은 없습니다. 은혜는 우리 믿음의 시작입니다. 평강은 우리 믿음의 마지막입니다. 은혜는 샘이요, 원천이요, 근원입니다. 바다로 굽이쳐 흘러가는 도도한 강물은 산 중에 있는 바로 그 특별한 근원에서 출발하는 것 입니다. 이것이 없이는 아무것도 없습니다. 은혜는 그리스도인의 삶에 모든 것의 원천이요, 샘이요, 근원입니다. 그러나 그리스도인의 삶의 의미는 무엇입니까? 그 삶이 산출해 내는 것은 무엇입니까? 대답은 평강입니다. 그러므로 우리는 거기서 원천과 큰 강어귀를 얻게 되는 것이며, 그 큰 강어귀를 통해 바다로 들어가는 것입니다. 거기에 처음과 끝이 있습니다. 시작이 있고, 모든 것이 의도하는 목적이 있습니다. 그러므로 은혜와 평강이 함께 어울려 있는 그 타원형에 모든 것이 포함되어 있기 때문에 우리의 생각에 언제나 이 두 말을 명심하고 있는 것이 필수적인 것입니다.[20]

결국 그리스도인이 사모해야 하는 삶을 한 마디로 이야기하자면 평강, 혹은 평화의 삶이라는 것입니다. 우리 그리스도인이 사모하고 누려야 할 것은 평강, 평화라는 말에 다 담겨 있습니다. 부활하신 주님은 제자들에게 "평강이 너희에게 있을지어다."라는 인사를 즐겨 하셨습니다. 또한 잡히시던 밤 다락방에서 설교하시던 중에도 "평안을 너희에게 끼치노니 곧 나의 평안을 너희에게 주노라. 내가 너희에게 주는 것은 세상이 주는 것과 같지 아니하니라. 너희는 마음에 근심하지도 말고 두려워하지도 말라."(요 14:27; 16:33)고 제자들을 격려하시고 위로하셨습니다. 예수님이 우리에게 주시고자 하신 것은 평강이요, 평화요, 평안입니다. 이 단어 속에 하나님이 우리에게 주시고자 하시는 모든 분복이 담겨 있습니다. 사실 세상 사람도 얼마나 평화, 평강이라는 단어를 많이 사용합니까? 우리나라도 남과 북으로 나누어진 지 무려 70년이 넘어섰습니다. 우리가 어릴 때부터 입버릇처럼 말해 왔던 것이 꿈에도 소원은 통일, 평화 통일입니다.

그러면 평강/평화가 무엇인지에 대해 살펴보도록 하겠습니다. 평강/평화라는 말은 단순히 전쟁을 그치는 것을 말하지 않습니다. 우리는 단순히 불협화음이나 난폭함이나 싸움이 없는 상태를 보고 평화라고 생각하기 쉽습니다. 그래서 속으로는 곪아 터지면서, 또 다른 데 가서는 죽일 놈 살릴 놈 하면서도 만나서는 태연하게 아무 문제 없는 것처럼 지내는 것을 평화스럽다고 착각하기가 쉽다는 것입니다. 여러분의 가정에는 참 평화가 있습니까? 맛있는 것 나누어 먹고 하하 호호 하면서 웃는 것이 평화입니까? 불신 가족과 만나서 서로의 신앙을 인정해 주고 예수 믿어도 천국, 부처 믿어도 낙원 이렇게 마음씨 좋게 대하는 것이 평화입니까? 오늘날 많은 그리스도인이 복음을 전하기 위해 사람의 심기를 건드리는 것을 좋아하지 않습니다. 예전 같으면 제사를 지내느냐 안 지내느냐 문제 가지고도 온 집안이 시끄러웠고, 먼저 예수 믿는 자들이 믿음의 싸움을 잘 싸운 결과로 온 가정이 구원 받아서 진정한 평화, 하나님이 주시는 천국의 평화에 이르렀는데, 요즘은 아예 그런 싸움을 안 하려고 합니다. 그저 만날 때 만이라도 씩 웃으며 좋게 대하고 조용하게 지나가려고 하지만, 그것도 진정한 가정의 평화가 아닙니다.

다시 말씀드립니다. 시끄러운 소리가 없다고 해서, 다투거나 싸우는 일이 없다고 해서 평강/평화가 아닙니다. 평화라는 말은 정확하게 말하자면 "분리가 있은 뒤에 오는 연합"이라는 뜻을 가지고 있습니다. 그러니까 "어떤 경쟁이나 다툼이 있은 후에 당사자가 함께 모여 화해를 이룬 것"을 의미합니다.[21] 다투고 분열했던 당사자가 전의(戰意)를 버리고 서로 화목하게 되는 것을 평강이라 평화라 말하는 것입니다. 그러니까 겉으로는 문제 없는 척 하면서 속으로는 서로 미워하고 언제라도 해칠 궁리를 하고 있는 관계라면 그것은 평화라고 할 수 없습니다. 평강/평화는 마음으로 화해하고 하나가 되는 것을 의미하기 때문입니다. 이처럼 평강 혹은 평화란 진실된 관계의 문제입니다.

2. 평강/평화가 없는 현실

이제 평강을 이해하기 위해서 이렇게 한 번 물어보겠습니다. 세상은 평화를 원하고, 사람들마다 그렇게도 평강을 간절히 갈구하는데 현실은 어떻습니까? 이 세상 사람들이 정말 평강을 누리고 있습니까? 현실을 볼 때 이 세상은 오히려 평화의 반대 상태가 지배적이라고 말할 수 밖에 없습니다.

첫째, 우선 사람들은 내면의 참 평화가 없습니다. 영혼의 평화를 누리지 못하고 있습니다. 오늘날 많은 현대인이 육신의 배는 부른데 정신적으로 또 영적으로 방황하고 헤매는 경우가 많습니다. 사실 어느 시대보다 우리 시대가 물질적으로 풍요롭지만 이 시대 백성 가운데 정신병이 창궐하고 있어서 정신병 전문가나 상담가가 많이 필요한 시절이 되었습니다. 그리고 먹고 살기 바쁠 때에는 자살하는 이가 별로 없었는데, 지금은 생활 여건이 풍족해졌음에도 자살률이 높습니다. 성공한 유명 인사들이 줄줄이 자살하고 있습니다. 오늘날 외적으로 보자면 가장 행복해야 할 시대인데도 모두가 불행한 것처럼 보입니다. 이는 참된 내면의 평강이 없다는 증거입니다.

둘째, 사람과 사람 간의 관계는 어떻습니까? 이전에 시골에서 목회를 할 때 보니까 그래도 시골에서는 이웃 간에 끈끈한 정이 있는 것이 보였습니다. 그러나 도시로 가면 이웃 간에 서로 잘 모르고 사는 사람이 많습니다. 아파트 같은 환경에서는 이웃이라도 서로 모르고 지내는 편이 상례인 경우가 많습니다. 또한 사소한 문제로도 심각한 싸움을 싸우는 경우도 많습니다. 심지어 내 차를 세우려고 마음먹은 자리에 남의 차가 주차되어 있다고 그 차를 상하게 하는 일도 있습니다. 그리고 한번 앙심을 품으면 풀 줄을 모릅니다. 텔레비전을 보면 멀쩡하게 생긴 얼굴을 하고서는 남을 죽이거나 남의 회사를 망하게 하려는 음흉한 계략을 짜고 실행하는 내용이 수도 없이 나옵니다. 그만큼 이 사회는 사람과 사람 간의 진정한 화해와 평화가 없습니다.

셋째, 나아가서 우리가 살고 있는 자연 환경과의 관계는 어떻습니까? 현대는 유기농을 이야기하고 자연 친화적인 삶을 운운하고 있지만 자연은 이미 오염되고 파괴되어 되살릴 수 없는 상태입니다. 과학자 가운데 이 지구가 22세기까지도 보존되지 못할 것이라는 예측을 하는 이도 있습니다. 무분별한 자연 착취로 인한 생태계의 파괴와 환경 오염, 그리고 자원 고갈 등으로 우리 인류의 미래는 비관적인 상황에 처해 있다고 합니다. 우리의 동료 피조물인 자연 환경과의 관계가 잘못 전개되어 왔기 때문입니다.

넷째, 그러면 나라 간의 국제적 관계는 어떻습니까? 국제 관계에 평화가 있습니까? 남과 북도 핵 문제 때문에 늘 위기 상황에 돌입하곤 했습니다. 나라마다 아무리 평화를 소리 높이 외쳐도 국제 관계에 진정한 평화는 요원한 것 같습니다. 사실 이 지구상에 굶어 죽는 사람이 얼마나 많습니까? 하지만 사실은 지구에 양식이 모자라서 사람들이 굶어 죽는 것이 아니라고 합니다. 부요한 나라에서 쓰레기로 버리는 양식을 아껴서 가난한 나라에 주기만 해도 굶주리는 사람이 없어질 정도라고 합니다.

너무 부정적이고 비관적인 이야기를 많이 했다고 생각될지 모르겠습니다. 그러나 이 모든 불화, 소외의 내용은 사실 현상적인 것입니다. 자신과의 불화, 사람 사이의 불화, 자연과의 불화, 국제 간의 불화 이 모든 것이 현상적인 것이라고 하는 이유는 이 모든 불화의 뿌리가 따로 있기 때문입니다. 뿌리에 문제가 있다면 가지만 치료해서는 근원적인 치료가 안 될 것입니다. 뿌리를 치료해야 한다는 것은 당연지사입니다. 다르게 말해서 샘 근원에 문제가 있다면 샘 근원을 고쳐야 할 것입니다. 그러면 이 모든 문제의 뿌리가 어디에 있겠습니까? 바로 하나님과의 불화에 있습니다. 사람들이 가진 모든 문제의 근본 문제는 하나님과의 관계가 틀어진 데서 출발하는 것입니다. 불신자의 마음에는 하나님을 싫어하는 마음이 지배하고 있습니다. 불신자 가운데는 도덕적으로 보자면야 법 없이도 살 사람이라고 할 수 있는 사람이 있다고 해도, 그런 이들도 하나님을 너무 싫어합니다. 심지어 하나님을 적대시하는 마음도 있습니다. 오죽하면 사람이 원숭이에서 진화했다, 태아보다 강아지에게 더 큰 권리가 있다는 식으로 진화론에 목숨을 걸고 믿겠습니까? 이런 불신자는 어떤 우상이 아니라 인격적인 하나님을 믿는 우리를 보고는 이러쿵 저러쿵 비방하면서도 돼지머리 앞에서는 넙죽넙죽 절을 합니다. 우리가 보기에는 저들이 더 원시적으로 보입니다. 그런데도 불구하고 저들은 그만큼 하나님을 믿기가 싫은 것입니다.

이처럼 하나님과 화목하지 못한 사람들은 다른 모든 관계에서 불화할 수 밖에 없습니다. 우선 그들의 마음에 참 평안이 없습니다. 마치 줄 끊어진 연 같은 신세니 불안 증세에 시달리고 온갖 정신병에 걸릴 수밖에 없습니다. 그리고 하나님을 싫어하면서도 아랑곳하지 않고 사니까 절대 기준도 없습니다. 가족 간에도 돈 때문에 의절하고 살고, 내 이익 때문에 이웃과도 불화하고, 내 야망을 위해서 남을 죽이고, 망하게 하고, 거짓말하고, 무고하고 못할 짓이 없습니다. 그래서 하나님이 안 계신다면 사람이 얼마만큼 짐승 같아질 수 있는지, 아니 짐승보다 더 못할 수도 있는지를 경험하게 되는 것이 우리의 삶의 현장인 것입니다.

3. 참 평강/평화에 이르는 길이 무엇인가?

그러면 참 평강, 평화에 이르는 길이 무엇일까요? 어떻게 하면 우리는 우리 마음속에서 참 평안을 누리며 사람과의 관계에서도 화평하며 살고 보다 더 큰 공동체 속에서도 평화를 만들어 낼 수 있을까요? 그 비결이 바로 평강과 단짝으로 언급된 은혜라는 말입니다. 은혜가 무엇입니까? 나의 공로나 노력이나 업적이 아니라는 말입니다. 그것은 밖에서 값없이 주어졌다는 말입니다. 하지만 진짜로 값이 없다는 말이 아닙니다. 그것은 내 대신 누군가 자비로우신 분이 값을 치루었다는 뜻입니다. 은혜란 정의하자면 "자격 없는 자에게 베풀어 주시는 분에 넘치는 호의"라고 할 수 있습니다. 그렇습니다. 참된 평강에 이르는 길은 오직 은혜밖에 없습니다. 우리에겐 평강을 만들어 낼 능력이 없습니다. 그 이유는 앞서 말한 대로 사람이 타락하고 부패하여 평강을 잃어버렸기 때문입니다. 평강의 하나님을 싫어하고 대적하기 때문입니다.

그러면 은혜는 우리를 어떻게 평화로 이끌어 줍니까? 오늘 본문에 그 답이 있습니다. 바울은 말합니다. 우리에게 베풀어지는 은혜와 평강은 "하나님 우리 아버지와 주 예수 그리스도로부터"온다고 말입니다. 하나님의 은혜는 하나님을 배반하여 타락한 인생을 위하여 자신의 아들을 내어 주심을 통해서 나타났습니다. 그를 믿으면 누구든지 하나님의 자녀가 되게 하심으로 참 평강의 길을 열어 주셨습니다. 저나 여러분이 예수 그리스도를 믿을 때에 단지 죄와 사망에서 구원받는 것만 아니라 하나님의 자녀도 되었습니다. 하나님의 사랑받는 자녀가 된 것입니다. 바울은 로마서 5장 1절에서 "그러므로 우리가 믿음으로 의롭다 하심을 받았으니 우리 주 예수 그리스도로 말미암아 하나님과 화평을 누리자"고 말합니다. '누리자'는 헬라어로 '누린다'로 번역할 수도 있는 말씀입니다. 이처럼 그리스도의 보혈로 용서를 받고 의롭다 하심을 얻은 하나님의 자녀의 마음에는 참 자유가 있고, 참 평화가 있습니다. 하나님의 품에 안길 때 우리는 진정한 평강이 무엇인지를 비로소 경험하게 되는 것입니다. 존 웨슬리가 옥스퍼드대학교를 졸업하고 미국에 선교사로 갔다가 실패하고 돌아오는 길에 큰 풍랑을 만났습니다. 배에 있던 사람들이 우왕좌왕 요동하고 심지어 목사인 웨슬리 자신도 두려움에 떨며 어찌할 바를 몰랐습니다. 그 와중에도 선상의 한편에서는 볼품없는 독일 모라비안 교도들이 모여서 찬양을 하고 있었습니다. 그렇습니다. 이것이 바로 하나님과 평화를 누리는 사람의 모습인 것입니다. 어린 양의 보배로운 피로 씻음을 받고 하나님의 자녀가 된 자들 가운데는 어떤 환난과 박해의 풍랑도 삼킬 수도 흔들어 놓을 수 없는 주님의 평강이 있는 것입니다.

우리가 하나님과 평화하게 될 때에, 다른 사람과의 평화가 가능하게 됩니다. 그냥 예의상 남과 잘 지내는 것이 아닙니다. 내게 이익이 되니까 잘 지내는 것이 아닙니다. 예수님의 십자가가 전혀 하나될 수 없는 사람 조차 하나되게 합니다. "이제는 전에 멀리 있던 너희가 그리스도 예수 안에서 그리스도의 피로 가까워졌느니라. 그는 우리의 화평이신지라. 둘로 하나를 만드사 원수 된 것 곧 중간에 막힌 담을 자기 육체로 허시고…또 십자가로 이 둘을 한 몸으로 하나님과 화목하게 하려 하심이라."(엡 2:13-16). 바울이 말하는 둘을 한 사람으로 만든다고 할 때 둘은 이방인과 유대인을 말합니다. 고대에는 가장 하나되기 힘들었던 그룹입니다. 바울은 또 말합니다. "너희는 유대인이나 헬라인이나 종이나 자유인이나 남자나 여자나 다 그리스도 예수 안에서 하나이니라"(갈 3:28). 예수 그리스도의 십자가는 전혀 이질적인 사람들, 하나 될 수 없는 사람들을 화목하게 하고 하나 되게 하는 능력을 가지고 있습니다.

따라서 예수 그리스도의 사람들은 십자가를 기준으로 이웃을 바라봅니다. 다른 사람이 모자라고 부족해도 '아이구 저 사람이 하나님을 만나지 못해서 저렇게 어리석고 악하게 행동하는구나.'하면서 영적으로 해석할 수 있는 눈이 생기기 때문입니다. 그리고 나를 괴롭게 하는 자를 위하여 기도하게 됩니다. 예수 그리스도를 믿고 하나님의 자녀가 되고 하나님의 평강을 누리는 자들은 이처럼 다른 사람과 하나님 사이에 피스 메이커가 되도록 부름받고 있습니다. 이 세상에서 사람 간의 관계를 화목케 하는 일도 귀한 일이지만, 하나님과 사람 사이를 화목케 하는 일에 쓰임받는 것 만큼 귀한 일이 없습니다. 우리는 전도를 해야 합니다. 그렇지만 그전에 우리는 이웃을 위해 부지런히 축복을 해야 합니다. 우리가 남을 위해 말로 축복한다고 무슨 도움이 될지 의심하지 마십시오. 주님이 우리에게 평안을 빌라고 명령하셨습니다(마 10:12-13). 우리가 무슨 평화의 주체는 아니지요. 하나님은 평강의 하나님이십니다. 그렇지만 하나님은 우리가 다른 사람을 위해 기도하고 축복하고 평안을 비는 것을 통해 그들에게 은혜와 평안을 전달하기를 원하신다는 것도 역시 사실인 것입니다.

바울이 빌레몬에게 편지를 쓰면서 은혜와 평강이 함께 하기를 축원하고 있다는 점도 기억하실 필요가 있습니다. 바울은 도망친 노예였으나 새 사람이 된 오네시모를 위하여 이 편지를 썼습니다. 오네시모를 돌려 보내면서 선처를 부탁할 것인데 은혜와 평강을 먼저 기원하는 것이 어떤 의미를 가질 수 있을지 생각해 볼 필요가 있습니다. 바울은 빌레몬이 하나님 우리 아버지와 주 예수 그리스도로부터 임하는 은혜와 평강을 그 심령 가운데 누리고, 그의 가족이나 그의 집에서 모이던 골로새 교인 가운데 넘치기를 축원합니다. 또한 마음의 상처를 주고 집에서 도망친 오네시모와도 진정한 화해의 관계에 이르게 되기를 소망합니다. 용납하기 어려운 오네시모를 용납해 주고 화해할 수 있는 것도 평화의 내용일 것입니다. 또한 그러한 평화가 가능하게 되는 것도 오로지 은혜에 근거해서 일 것입니다. 그래서 바울은 이런 측면을 염두에 두고 빌레몬을 향해 은혜와 평강을 기원하고 있습니다.

또한 우리에게도 하나님 아버지와 주 예수 그리스도에게서 말미암는 은혜와 평강이 매일같이 절실하게 필요합니다. 은혜와 평강은 우리가 늘 사모하고 더 풍성하게 누려야 할 하나님의 분복입니다. 우리의 심령뿐 아니라 우리의 모든 관계에도, 우리가 만나는 사람 가운데도 가득히 채워야 할 분복인 것입니다. 바울은 이와 같은 인사말로 빌레몬의 가정과 교회에 문안을 하고 있고 축복을 하고 있습니다. 여러분들이 누리고 있는 모든 것이 하나님의 은혜에서 비롯된 것이고, 하나님과 평화를 누리고 있다면 이제 돌려보낼 오네시모와의 관계에서도 피스 메이커가 되어 달라는 바울의 요청이 담겨 있는 인사말인 것입니다.

Philemon

3. 아낌없는 칭찬 (4-7절)

내가 항상 내 하나님께 감사하고 기도할 때에 너를 말함은 주 예수와 및 모든 성도에 대한 네 사랑과 믿음이 있음을 들음이니 이로써 네 믿음의 교제가 우리 가운데 있는 선을 알게 하고 그리스도께 이르도록 역사하느니라. 형제여 성도들의 마음이 너로 말미암아 평안함을 얻었으니 내가 너의 사랑으로 많은 기쁨과 위로를 받았노라.

2010년 남아공 월드컵에 출전한 한국 팀의 주장은 박지성 선수였습니다. 이 선수는 2002년 한일 월드컵 때 히딩크 감독에 의해 발탁되어 유명해진 선수입니다. 그는 평발을 가지고 있기 때문에 축구를 하기에 적합하지 못한 조건인데도 필사적인 노력과 훈련을 통해 축구 선수가 된 사람입니다. 그는 남보다 조건이 좋지 못했기 때문에 누구보다 훈련을 많이 했고, 정신력으로 버텨냈던 선수입니다. 2002년 월드컵 때 이런 일화가 남아 있습니다. 다리를 다쳐서 경기에 참여하지 못하고 낙심하고 있는 그를 히딩크 감독이 통역관을 데리고 찾아와서 딱 한 마디를 해 주고 갔습니다. 박지성은 정신력이 뛰어난 선수라고 말입니다. 박지성 선수가 칭찬을 자주 듣는 사람이라면 별로 감동을 하지 않았겠지만 별로 칭찬과 격려를 받지 못하고 자랐기 때문에 그때 엄청나게 감동을 받았다고 고백했습니다. 히딩크 감독의 짧은 칭찬이 오늘의 박지성 선수가 있도록 한몫했다고 할 것입니다.

지금 살펴보는 빌레몬서는 바울의 서신 가운데 매우 짧은 서신입니다. 그리고 내용도 대단히 사적인 것이라고 할 수 있습니다. 그러나 그렇게 짧고 사적인 편지에서도 바울은 역시 바울답습니다. 곳곳에서 복음의 진리를 적용하고 있습니다. 바울이 빌레몬서를 쓰게 된 동기는 간단합니다. 빌레몬에게서 도망친 노비 오네시모를 다시 돌려보내면서 선처해 달라는 부탁을 하기 위해서 편지를 쓴 것입니다. 그러나 바울은 그냥 사도의 권위만 내세워 명령을 하지 않고 사랑으로 간구하고 있습니다. 본문(4-7절)을 보면 바울은 빌레몬을 대단히 칭찬하고 있습니다. 물론 없는 이야기를 하는 것은 아니고, 빌레몬이 실제로 그런 사람이었기에 칭찬합니다. 칭찬은 고래도 춤추게 한다고 하지만, 오늘 우리가 읽은 본문만큼 어느 성도를 칭찬하는 본문이 없다 할 정도로 대단히 크게 칭찬하고 있는 것을 보게 됩니다.

1. 기도 중에 감사하게 되는 사람

먼저 4절에 보시면 "내가 항상 내 하나님께 감사하고 기도할 때에 너를 말함은"이라고 시작하는 것을 보게 됩니다. 바울의 서신을 읽어 보면 그렇게 바쁜 바울이지만 자신이 세운 교회나 자신이 알고 있는 성도를 위해서 지속적으로 기도하는 모습을 보여 줍니다(롬 1:8; 고전 1:4 이하; 엡 1:15; 빌 1:4 이하; 골 1:3 이하; 살전 1:2 이하; 살후 1:3 이하 등). 사랑의 교회 옥한흠 목사님은 담임목사로 사역할 때 그렇게 수만 명이 되는 교회 목사였지만 특별히 아픈 성도나 어려움 속에 있는 자들을 위해서 가정 예배 때나 개인적으로 기도했다고 합니다. 기도를 많이 하는 사람 가운데는 하루에 수백 명을 위해서 기도하는 사람도 있습니다. 바울 역시 공사다망하거나 감옥에 갇혀 있는 상황이어도 기도하기를 게을리하지 아니하였습니다. 그의 말로 하자면 기도하기를 그치지 아니한 사람입니다.

그런데 그렇게 기도할 때 많은 사람이 떠오르지만 모두가 한결같지는 않습니다. 어떤 사람은 '아이쿠 머리 아프다, 주여 언제 철들겠습니까' 싶은 사람도 있을 것입니다. 반면에 어떤 사람은 생각만 해도 기쁘고 감사한 사람이 있습니다. 어떤 원로 목사님은 교인 가운데 두 종류의 사람이 있다고 고백한 적이 있습니다. 한 종류의 성도는 목회자를 괴롭혀서 피눈물 흘리며 기도하게 만드는 사람이 있고, 한 종류의 사람은 감사하고 기뻐서 절로 기도가 되게 만드는 사람이 있다는 것입니다. 그러면 빌레몬은 어떤 사람이었을까요? 4절을 보시면, 바울은 "내가 항상 내 하나님께 감사하고 기도할 때에 너를 말함은"이라고 말하고 있습니다. 유진 피터슨의 『메시지』 Message에 보면 이 구절을 이렇게 알기 쉽게 번역했습니다. "나는 기도할 때마다 그대의 이름을 떠올리며 '오 하나님, 감사합니다!'하고 고백합니다." 빌레몬에 대한 바울의 심정이 어떠한지 이해하시겠지요? 바울이 빌레몬을 생각하면 기쁨과 위로가 되고 하나님 앞에 감사가 나온다고 합니다. '오 하나님 골로새 교회에 저런 성도를 허락하시다니 참으로 감사드립니다.'라고 말입니다.

2. 주 예수에 대한 믿음과 모든 성도에 대한 사랑

사도 바울은 빌레몬으로 인하여 하나님께 감사하는 구체적인 이유를 밝힙니다. 우선 5절을 보시기 바랍니다. "주 예수와 및 모든 성도에 대한 네 사랑과 믿음이 있음을 들음이니."

라고 말합니다. 바울은 빌레몬의 사랑과 믿음에 대해 들었다고 말합니다. 왜냐하면 바울이 빌레몬을 만난 지 이미 긴 세월이 지났기 때문입니다. 바울을 방문한 에바브라가 전해 주었든지 아니면 회심한 오네시모를 통해서 그의 주인 빌레몬의 신행(信行)에 대해서 들었을 것입니다. 이렇게 아는 사람이 믿음 가운데 장성해 간다는 소식을 듣는 것은 기쁜 일입니다.

바울이 들었다고 하는 내용을 주의깊게 보시면 "주 예수와 및 모든 성도에 대한 네 사랑과 믿음"이라고 표현하고 있습니다. 이 문장은 선뜻 이해가 잘 안되는 표현 방식을 쓰고 있습니다. 차라리 에베소서 1장 15절처럼 "주 예수 안에서 너희 믿음과 모든 성도를 향한 사랑을 나도 듣고"라고 했으면 이해하기가 쉬울 텐데 말입니다. 믿음의 대상은 주 예수이시고, 사랑은 성도에 대한 것이라고 해야 맞습니다. 19세기 영국의 유명한 신약학자인 J. B. 라이트푸트라는 학자는 말합니다. "바울에게 먼저 뚜렷했던 생각은 빌레몬의 사랑이었다. 그다음 이 사랑의 원천인 믿음에 생각이 미치고 그 믿음의 대상인 주 예수를 생각하였다. 그리고는 다시 첫째 생각인 사랑으로 돌아와 그 대상인 모든 성도를 말한다."[22]

그리스도인은 첫째로 무엇보다도 주 예수를 믿는 자입니다. 행위나 행동을 우선적인 기준으로 내세우면 안됩니다. 어떤 사람은 선하고 도덕적인 삶을 살지만 예수님 안에 있지 않은 사람도 있습니다. 주 예수를 믿는다는 것은 그리스도 안에서 모든 것을 보며, 그리스도를 우리의 모든 것이 되시며 모든 것을 충만케 하시는 분으로 믿는 것입니다. 주 예수를 믿는다는 것은 자신이 죄인임을 자각하는 것이며 우리를 용서하시고 구원하시기 위해 주님이 오셨으며 또한 우리는 예수 그리스도의 보혈로만 구원을 얻게 된다는 것을 믿는 것입니다. 우리의 구원 수단은 그리스도와 그가 우리를 위해서 행하신 일이란 것을 믿는 것입니다. 주 예수를 믿는 것은 나의 모든 소망을 그리스도께 의탁하는 것을 의미하며 그가 나를 위하여 행하신 일에 모든 기대를 거는 것을 의미합니다. 또한 주 예수를 믿는 것은 나는 내 자신의 삶을 신뢰하지 않으며 내 자신의 행동도 전혀 신뢰하지 못한다는 것을 의미합니다.

바울은 예수 안의 믿음이라 하지 아니하고 주 예수 안의 믿음이라고 합니다. 예수님은 인간이시며, 또한 하나님이십니다. 그는 영광의 주요 영원한 본체되는 분이요 복되신 삼위일체의 제2격위에 해당하는 하나님이십니다. 나사렛 사람 예수가 영원하신 하나님의 아들이심을 믿는 사람이 바로 그리스도인입니다. 바울이 말한 대로 성령으로 아니하고는 누구든지 예수를 주라 할 수 없기 때문입니다(고전 12:3). 이러한 내용은 자연인으로서는 도무지 믿을 수 없는 신비에 속합니다. 사람들은 그를 그냥 목수, 선생 혹은 성인 정도로 인식할 뿐입니다. 그가 영광의 주님인 줄 몰랐기에 세상의 관원들이 십자가에 못박았던 것입니다(고전 2:8). 주와 예수는 서로 분리할 수 없는 하나입니다. 우리는 구주를 먼저 믿고 나중에 주님을 믿을 수는 없습니다. 우리는 동시에 한 분을 믿습니다. 우리를 위해 대속물로 죽으사 우리를 죄에서 건져내신 구세주를 믿음과 동시에 우리 삶의 주님을 믿습니다. 우리는 참 인간이신 예수님과 동시에 참 하나님이신 주님을 믿습니다. 결코 분리할 수 없습니다.

또한 사도 바울은 "모든 성도에 대한 네 사랑"이라는 표현을 썼습니다. 본질상 자연인은 서로 미워합니다(딛 3:3). 더욱이 자연인은 그리스도인에 대하여 관심이 없습니다. 관심이 없을 뿐만 아니라 미워하고 싫어합니다. 저들이 볼 때 그리스도인은 둔하고 융통성 없고 부족하고 좁은 마음을 가진 자로 보입니다. 그러나 그리스도 안에서 거듭나게 되면 그리스도인을 사랑하게 됩니다. '깃털이 같은 새끼리 모인다', '피는 물보다 더 진하다'는 말이 그리스도인 관계에도 적용됩니다. 로이드 존스가 누누이 강조한 대로 세상의 지위 높은 불신자와 가지는 교제보다 신자와 가지는 교제를 더 좋아하게 됩니다. 한마디로 그리스도인은 하나님에게 새로운 본성을 받은 사람이기 때문입니다. 우리는 하나님의 한 형제요 자매임을 인식합니다. 우리는 모두 같은 방식으로 하나님과 관련을 맺은 사람입니다. 그런 면에서 그리스도인은 서로 통하는 것입니다. 서로 그리스도의 피로 맺어진 사이입니다. 성령이 아니고는 우리는 진정으로 서로 사랑할 수 없습니다. 만일 성도를 사랑한다면 그것은 성령님이 그 안에 계시다는 증거입니다. 그리고 우리가 다른 성도를 사랑하면 하나님을 사랑하고 있다는 증거이기도 합니다. 그리스도인은 마음에 드는 사람만 사랑하지 아니하고, 모든 그리스도인을 사랑합니다. 우리 모두는 하나님에 의해서 선택되고 거듭나서 천국을 향해 순례길을 가고 있으며 천국에서 영원히 함께 지낼 사람들입니다. 로이드 존스의 강해서 가운데 읽었던 유명한 청교도 주석가인 매튜 헨리의 부모의 결혼과 관련된 에피소드가 생각이 납니다. 매튜 헨리의 아버지 필립 헨리는 출신이 변변찮은데 그의 어머니는 귀족 가문 출신이었나 봅니다. 매튜의 외할아버지가 묻습니다. "그 사람 어디 출신이냐?" 그러자 어머니는 아주 지혜롭게 대답했습니다. "저는 그 사람의 출신을 모릅니다. 그러나 우리가 어디로 함께 가는지는 알고 있습니다."

그렇습니다. 그리스도인은 사람을 만나면 그 사람의 지식,

배경, 출신학교, 고향을 묻지 아니합니다. 그것은 육신적인 기준입니다. 대신에 그리스도인은 단 한 가지 질문을 던집니다. 이 사람은 하나님의 자녀인가? 이 사람은 그리스도 안에서 한 형제 자매인가? 우리는 출신이 어떠하든 배경이 어떠하든 한 배를 탄 사람입니다. 우리는 같은 본향을 가지고 있으며 한 방향으로 나아가는 사람입니다. 우리가 하나님 앞에 설 때에는 세상에서 자랑하던 것은 아무것도 아니요 다 한 형제요 자매로 서게 될 것입니다. 그 날을 바라보는 자가 바로 그리스도인입니다.

3. 기쁨과 위로를 주는 사람

사도 바울은 빌레몬의 믿음과 사랑에 대해 들었다고 말하면서 6절에서 우리가 이해하기 어려운 말을 했습니다. "이로써 네 믿음의 교제가 우리 가운데 있는 선을 알게 하고 그리스도께 이르도록 역사하느니라." 참 어려운 표현입니다. 믿음의 교제*koinonia*라는 것은 주 예수 그리스도를 믿는 믿음에서 나오는 물질적인 나눔을 가리킨다고 일반적으로 이해됩니다. 이는 빌레몬이 잘하던 일이었습니다. 표준새번역에서는 이 구절을 이렇게 번역했습니다. "그대가 우리와 더불어 누리는 믿음의 사귐이 효력을 내어서, 우리가 그리스도께 가까이 나아갈 때에 우리가 받게 되는 복이 무엇인지를 그대가 충분히 알게 되기를 바랍니다." 그러나 호주의 복음주의 신학자인 피터 오브라이언은 이 구절을 다음과 같이 번역했습니다.

> 나는 당신의 믿음에서 우러나오는 관대함(혹은 아낌없는 마음씨와 관대한 행위)이 당신을 그리스도의 몸의 동료 지체로서 우리에게 속한 모든 복을 더욱 깊이 이해하고 체험하는 데로 효과적으로 인도해 주기를 기도합니다.[23]

이런 번역에 의하면 빌레몬의 관대한 마음에서 우러나오는 성도 사랑을 통해서 그리스도께서 허락하신 모든 복을 이해하고 체험하는 데로 인도하기를 바란다는 말입니다. 우리가 실제로 믿음의 실천을 해 봐야 더욱 깊이 참여하게 되고 누리게 되는 복이 있다는 말입니다.

이어 7절로 넘어가 보면 바울은 "형제여"라는 심금을 울리는 표현을 합니다. 나이 많은 사도가 젊은 회심자에게 "형제여"라는 호칭을 쓴다는 것은 몸둘 바를 모르게 하는 경우입니다. 명성도 있고 사역을 신실하게 잘 하는 어떤 목사님을 만난 적이 있는데, 자신의 박사 논문과 책을 선물로 주시면서 "이상웅 형제에게"라는 표현을 써주어 감동을 느낀 적이 있습니다. 선배 목사님이 후배 목사에게 "형제에게"라고 불러주거나 글로 써주어도 감동이 되는데, 하물며 바울 사도가 빌레몬에게 "형제여"라는 호칭을 쓴다면 얼마나 심금을 울렸겠습니까? 빌레몬은 요즘 말로 큰 감동을 먹었을 것입니다. 더욱이 헬라어 원문에는 형제여라는 말이 7절 끝에 나옵니다. 이는 문두에 사용하는 것보다 더욱 간곡한 애정을 표현하는 것이라고 합니다. 그리고 바울은 "성도들의 마음이 너로 말미암아 평안함을 얻었다."고 말합니다. "성도들의 마음"이라고 할 때 마음에 해당하는 헬라어 단어는 '스플랑크나'입니다.[24] 이 단어는 고전 그리스어에서는 제물의 내장 부분 inner parts 을 가리키는 데 사용되었던 말인데, 특히 심장, 간, 폐, 신장 등 중요한 장기를 가리킬 때 사용되었고, 차차 제물 자체를 가리키는 데에도 사용되었습니다. 하지만 고전 그리스어에서는 사람에게 직접 적용한 적이 없는 단어라고 합니다. 그러나 사도 바울은 이 단어를 깊은 차원의 전인격을 가리키는 데 사용했습니다. 특히 빌레몬서에서는 이 단어를 세 번이나 사용하고 있습니다(7, 12, 20절). 이러한 빈번한 사용은 바울이 이 서신에서 쓰고 있는 내용에 대해 얼마나 인격적으로 관여하고 있는지를 보여 준다고 헬무트 쾨스터는 지적했습니다. 우리는 이 단어를 '내장' 혹은 '우리의 깊은 감정의 좌소로서 마음'을 가리킨다는 정도는 기억하는 것이 좋을 것입니다. 그리고 "평안함을 얻었다"(아나파우오)는 말은 "원래 고통이나 비애를 멈춘다는 뜻이었으나 거기서 나아가 평안을 준다는 뜻으로 사용되었습니다. 그러므로 이는 고통과 어려움에서 건져 새로운 원기를 주어 평안하게 한다는 의미입니다." 바울은 골로새 성도의 심장이 그처럼 빌레몬의 선행과 자선에 의해 마음에 원기와 용기를 얻게 되었다는 점을 칭찬해 줍니다.[25]

그리고 그 결과 사도 바울 역시 "너의 사랑으로 많은 기쁨과 위로를 받았노라."고 고백하게 됩니다. 바울에게 빌레몬의 선행의 소식이 들렸으며, 그로 인해 성도의 마음이 원기왕성해졌다는 이야기를 들었을 때 많은 기쁨과 위로를 얻게 된 것입니다. 자신이 전한 복음이 한 사람의 인생에서 풍성하게 실천되고 열매 맺고 있는 것을 본다는 것은 복음 전도자나 목회자에게 많은 기쁨과 위로의 원천이 되는 것입니다. 빌레몬서보다 더 짧으면서 가이오Gaius라는 사람에게 보낸 요한삼서에도 보면 사도 요한이 "형제들이 와서 네게 있는 진리를 증언하되 네가 진리 안에서 행한다 하니 내가 심히 기뻐하노라. 내가 내 자녀들이 진리 안에서 행한다 함을 듣는 것보다 더 기쁜 일이 없도다."(3-4절)라고 고백하는 것을 보게 됩니다. 바울이나 요한이나 주님의 신실한 일꾼은 성도에게 복음을 전해 주고 나서 그 내용을 잘 기억하고 있느냐, 타인에게 잘 전하고 있느냐에 대해서도 관심을 가졌지만, 무엇보다 그 진리의 말씀대로 실천하고 사느냐를 더 중요하게 생각했습니다. 오늘날 신실한 목회자에게도 이런 기준의 기쁨과 보람이 있습니다.

오늘 우리는 사도 바울이 빌레몬을 칭찬하고 있는 것을 살펴보았습니다. 바울은 정말 감동적인 칭찬의 말을 하고 있습니다. 우리도 이런 성도가 되었으면 좋겠습니다. 바울 사도는 기도할 때마다 늘 빌레몬을 생각하게 되고 빌레몬 때문에 절로 감사가 나온다고 했습니다. 그에게는 주 예수 그리스도에 대한 믿음과 그 열매로 모든 성도에 대한 사랑이 있었기 때문입니다. 그러한 사랑의 섬김을 통해 골로새 교회 성도가 원기왕성함을 얻고, 그 소식을 듣는 사도 바울 역시 기쁨과 위로를 얻었다고 고백하게 됩니다. 그리고 바울은 자연스럽게 오네시모의 일로 부탁을 할 수 있는 마음의 용기를 얻게 되었습니다. 이어지는 부분에서 바울이 편지를 쓰게 된 본 주제를 살펴보게 될 것입니다.

Philemon

4. 사랑으로써 간구하노라(8-10절)

이러므로 내가 그리스도 안에서 아주 담대하게 네게 마땅한 일로 명할 수도 있으나 도리어 사랑으로써 간구하노라. 나이가 많은 나 바울은 지금 또 예수 그리스도를 위하여 갇힌 자 되어 갇힌 중에서 낳은 아들 오네시모를 위하여 네게 간구하노라.

축구 선수 가운데 김남일 선수가 있습니다. 2002년 월드컵 때 들은 이야기가 생각납니다. 인천 출신인 김남일 선수는 부평고등학교 축구부 출신인데, 축구부가 얼마나 엄하고 선배의 괴롭힘이 심한지 다들 도망을 쳤다고 합니다. 다른 학생들은 다 어떻게든 복귀했는데 김남일 선수는 8개월이나 복귀하지 않고 웨이터 생활을 하면서 버텼다고 합니다. 그런데 아버지가 그가 있는 곳을 어떻게 알아내 그를 찾아가서는 아들 앞에서 무릎을 꿇었습니다. 눈물로 말했다고 합니다. "남일

아 이렇게 살아서 되겠느냐?" 김남일 선수는 깊이 감동을 받고 마음을 돌이켜 다시 학교로 복귀했고 축구를 계속해서 월드컵 스타가 되었습니다. 그런 상황에서는 아버지가 찾아가서 몽둥이를 휘두른다거나 크게 꾸지람을 하거나 명령한다고 해서 될 일이 아니었습니다. 아버지가 그를 찾아가 무릎 꿇는 수치까지 감내하면서 사랑의 권면을 하였기에 엇나간 아들의 마음을 돌이킬 수 있었던 것입니다.

본문을 보면 바울은 과거에 죄를 짓고 도망을 쳤으나 이제는 예수님을 믿고 변하여 새 사람이 된 오네시모와 그의 옛 주인 빌레몬 사이에 화평을 만들기 위해 가장 친밀하고 간곡한 형태의 글을 써내려 가는 것을 보게 됩니다. 우리가 이제 살펴보고자 하는 것은 바울이 이같은 목적을 위해 어떤 식으로 부탁과 권면의 말을 하는가입니다.

1. 오네시모를 위하여

다들 아시는 대로 바울이 이 편지를 쓰게 된 이유는 오네시모 때문인데, 우리는 먼저 오네시모에 대해 살펴보도록 하겠습니다. 10절에 보시면 "갇힌 중에서 낳은 아들 오네시모를 위하여"라고 말씀하고 있습니다. 바울이 빌레몬에게 편지를 쓰는 이유는 그가 로마 감옥에 있으면서 얻게 된 믿음의 아들 오네시모라는 사람 때문입니다. 바울은 아들이라고 하면서 "테크논"*teknon*이라고 하는 애정으로 가득 찬 용어를 사용하고 있습니다.[26] 이 오네시모가 누군가 하면 원래 골로새에 살던 빌레몬의 노예였으나, 주인을 배신하고 로마로 도망친 사람입니다. 빌레몬이라는 사람이 신앙심도 깊고 봉사도 많이 하고 인격적으로 훌륭한 주인이었지만 오네시모가 주인을 배신하고 아마 돈도 훔쳐 가지고 도망을 쳤던 것 같습니다. 오네시모는 당시 제국의 수도였던 로마로 가서 새로운 삶을 시작하려고 했던 것 같습니다. 일제 강점기 때에도 사람들이 동경, 상해 등지로 갔듯이, 도망친 노예가 안전하게 숨을 수 있는 곳은 한적한 시골보다는 대도시가 편했기 때문입니다. 그곳에는 제국의 각 지역에서 온 사람들이 섞여 살고 일자리도 많기 때문에 더할 나위 없이 좋은 곳이었습니다.

로마로 온 후 오네시모의 행적에 대해서 우리가 아는 바는 없습니다. 그가 어떻게 옥중에 있는 사도 바울을 만나게 되었는지 알기 어렵고 그저 추측이나 할 수 있을 뿐입니다. 어떤 사람은 추측하기를 골로새 교회의 기둥 같은 일꾼 에바브라가 마침 로마에 와 있었는데, 오네시모가 어떻게 하다 보니 그를 마주치게 되었다는 것입니다. 그래서 에바브라가 오네시모를 바울에게 데리고 갔고, 바울의 감화를 통해 그리스도인이 되었다는 것입니다. 가능한 추측인 줄 압니다. 그러나 또 한 가지 가능한 것은 개 버릇 남 못 준다고 주인을 배신하고 도망한 오네시모가 로마에 와서 살면서 가지고 온 재물을 허랑방탕하게 써버리고 또 죄를 지었다가 로마 관헌에게 잡혀서 우연히 바울이 있는 옥으로 오게 되었다는 것입니다. 중요한 것은 오네시모가 주인인 빌레몬의 집에서 도망을 쳐서 로마에 와서 어떤 경로로든 바울 사도를 만나게 되었으며, 바울을 통해 감화를 받고 신자가 되었다고 하는 사실인 것입니다.

그런데 이제 바울은 바로 이 오네시모를 위해서 그의 옛 주인인 빌레몬에게 편지를 쓰고 있습니다. 로마 법에 의하면 도망친 노예를 숨겨 주는 것도 중죄에 해당했습니다. 붙잡힌 노예는 반드시 옛 주인에게 돌려 보내야 하는 것이 로마 법이었습니다.[27] 만약 도망친 노예를 숨겨 주었다가 발각이 되는 날에는 숨겨준 자도 처벌을 받아야 했습니다. 그러나 도망친 노예를 옛 주인의 집으로 돌려보내면 어떤 일이 일어나게 될 것 같습니까? 옛날 고려 시대나 조선 시대 때에도 마찬가지였습니다만, 로마 시대에도 노예는 사람 취급을 받지 못했습니다. 노예는 사람의 수에도 넣지 아니하고 그저 짐승이나 기계보다 조금 나은 재산으로 생각할 정도였습니다. 노예에게 어떤 가혹한 행위를 하든, 심지어 목숨을 빼앗는 것조차 주인의 권한에 속하는 것이었습니다. 그러니 주인을 배신하고 도망친 노예를 집에 돌려보낸다는 것은 곧 그를 죽음에 이르게 할 수도 있는 일이었습니다. 당시의 형편이 이러했지만 바울은 사랑하는 오네시모를 옛 주인인 빌레몬에게 돌려보내려고 합니다. 물론 빌레몬이라는 사람이 당시의 다른 주인처럼 오네시모를 잔인하게 처리하지는 않겠지만, 그래도 각별한 관심을 가지고 선처해 줄 것을 부탁하는 편지를 쓸 필요가 있었습니다. 그렇게 쓰이고 보존된 것이 바로 이 짤막한 서신인 빌레몬서인 것입니다.

2. 담대하게 명할 수 있으나

8절에 보시면 사도 바울은 "이러므로 내가 그리스도 안에서 아주 담대하게 네게 마땅한 일로 명할 수도 있으나"라고 말합니다. 이것이 무슨 뜻입니까? 바울이 사도의 권위를 가지고 빌레몬에게 오네시모의 일로 명령할 수 있다는 것입니다. 바울이 이렇게 강한 표현을 쓴다고 해서 어떤 개인적인 유익이나 사리사욕을 위해서 권세를 휘두르겠다고 말하는 것이 아닙니다. 바울에게는 복음을 전파하는 일과 교회를 세우고 질서를 잡는 일에 주님께 받은 권세가 있었습니다. 그렇기 때문에 바울은 빌레몬에게 오네시모를 책망하거나 징계하지 말고 너그러이 용납해 주라고 명령할 수 있었습니다. 게다가 바울과 빌레몬 사이에는 갚을 수 없는 빚이 있습니다. 빌레몬 역시 바울을 통해서 복음을 듣고 예수님을 믿었기 때문입니다. 빌레몬은 은혜를 모르는 후안무치한 사람이 아니었습니다. 바울이 요구한다면 노예 하나가 아니라 여러 명이라도 기꺼이 포기할 수 있을 정도로 받은 은혜에 감사하고 있는 인물입니다. 그래서 바울은 오네시모의 일로 명령할 수 있다는 말을 한 것입니다. 사도의 권위로 명한다고 해도 빌레몬은 기꺼이 들어줄 것이기 때문입니다.

바울이 담대함을 가지고 마땅한 일로 명할 수 있다고 말할 때, 담대함이라는 것은 언론의 자유를 말합니다. 즉, 아무런 두려움 없이 말할 수 있는 자유와 용기를 의미합니다. 그리고 마땅한 일이라는 것은 그리스도인 윤리에 있어서 존중되어야 할 원리를 말합니다. 바울이 오네시모에 대해서 말하고자 하는 것은 단순히 바울의 개인적인 바람이나 사도적인 명령의 대상이 아니라 마땅한 일이라고 하는 것입니다. 비록 과거에 잘못을 저질렀고 손해를 끼쳤지만 그런 오네시모가 회심하고 그리스도 안에서 새 사람이 되었다고 한다면 과거의 죄를 용서해 주고 형제로 받아들이는 것은 기독교 윤리에서 있어서 마땅한 일인 것입니다. 바울이 사도의 권위로 명령을 한다고 해도 마땅히 순종해야 할 사안이라는 점을 바울은 암시하고 있습니다. 만약에 빌레몬이 거절한다면 그것은 기독교의 도덕성을 거부하고 기독교 진리를 부인하는 것이 되고 말 것입니다.[28]

3. 사랑으로써 간구한다

그러나 바울은 담대함으로 명령하려고 하지 아니하고, "사랑으로써 간구하는 것"(개역-"사랑으로 인하여 간구하는 것")을 택했습니다. 권세를 가지고 명령을 해도 일은 해결될 수 있지만 더 나은 길은 상대의 마음을 움직여 기쁘게 자원하는 마음으로 무엇을 하게 하는 것이기 때문입니다. 바울은 고린도전서에서 사랑을 '가장 좋은 길'the best way이라고 밝히고 있습니다(고전 12:31). 권세가 있고 힘이 있지만 그것을 사용하지 않고 인간적인 모습으로 사랑스러운 모습으로 다가서서 마음을 열게 하는 것이 더 좋은 일입니다. 우리는 바울이 어떻게 빌레몬에게 사랑으로써 간구하는지 구체적으로 한 번 살펴볼 필요가 있습니다.

앞서 살펴 본 4-7절에서는 빌레몬에게 주 예수와 모든 성도에 대한 사랑과 믿음이 있음을 들었고, 구제와 성도를 돌봄을 내용으로 하는 믿음의 교제가 그리스도께 이르도록 역사하고 있으며 성도들의 마음이 그로 인하여 평안함을 얻어 바울 자신도 그의 사랑으로 인하여 많은 기쁨과 위로를 얻었다고 말하는 것을 보았습니다. 이것은 한 신자에 대해 바울이 줄 수 있는 최상의 찬사였습니다. 물론 이것은 사실을 지적하는 것이지 입에 발린 빈말로 칭찬을 하는 것이 아닙니다. 바울은 빌레몬이라는 사람이 드러내고 있는 믿음과 사랑의 교제로 인하여 항상 하나님께 감사하며 위하여 기도한다고 말합니다. 바울은 용건을 말하기 전에 먼저 그 사람 속에서 또 그를 통해서 역사하고 있는 하나님의 은혜의 증거를 낱낱이 나열하면서 감사하기도 하고 칭찬하기도 했던 사람입니다. 이렇게 해서 상대와의 영적이고 인격적인 친밀함의 분위기를 먼저 만들어 냅니다. 이렇게 마음의 문이 열려야 조금 딱딱한 이야기, 불편한 이야기를 해도 쉽게 소화가 되기 때문입니다.

이것도 일종의 사랑의 간구자라면 갖추어야 할 미덕 중의 하나입니다. 우리가 남을 책망하는 말을 할 때 조차 먼저 칭찬을 해서 마음의 문을 충분히 열게 한 후에 하는 것이 효과적입니다.

이렇게 빌레몬을 칭찬하고 그에 대한 최상의 관심과 애정을 표현한 바울은 9절에서 두 가지 독특한 표현을 써서 자신을 소개하고 있습니다. 하나는 "나이가 많은 바울"이라는 것이고, 또 하나는 "예수 그리스도를 위하여 갇힌 자 된 이"라는 표현입니다. 바울은 지금 자신이 나이가 많다고 구태여 밝히고 있습니다. 헬라의 유명한 의사였던 히포크라테스는 바울이 사용하고 있는 단어 프레스뷔테스*presbytes*에 해당하는 연령은 49-56세 어간이라고 말합니다.[29] 요즘으로 보자면 나이 많다고 할 수 없는 연령층입니다만, 고대에는 그 정도면 노년에 속했다고 합니다. 아무튼 바울은 빌레몬에게 일부러 자신의 나이가 많음을 언급하고 있습니다. 빌레몬이 아무래도 바울보다는 젊었을 테니까 이런 표현을 들으면 마음가짐이 좀 더 차분해지리라 여겼던 것 같습니다. 그리고 또한 바울은 자신이 지금 로마 옥중에 갇혀 있는 것이 주 예수 그리스도를 위한 것임을 지적합니다. 비록 바울이 로마법에 따라서 네로 치하의 감옥에 갇혀 있지만 바울은 항상 자신을 주 예수를 위해 갇힌 자 되었다는 자의식을 가지고 있었습니다. 바울이 이러한 사실을 구태여 지적하는 이유도 역시 사랑으로써 빌레몬에게 간구하려고 하기 때문인 것입니다. 자신의 사리사욕을 위해 살지 않고 오로지 주 예수 그리스도와 그의 복음을 위하여 고난받고 있으며 투옥되는 데까지 이르렀다는 점을 듣고 생각하게 되면 참 신자의 심금을 울릴 수밖에 없습니다.

바울은 이처럼 자신이 옥중에서 얻은 믿음의 아들 오네시모를 위하여 편지를 쓰면서 오로지 사랑으로써 간구하고 있습니다. 바울은 사랑으로써 혹은 사랑을 인하여 간구하였습니다. 사랑이란 하나님의 아가페 사랑을 가리킵니다. 바울이 근거하고 있고, 빌레몬에게도 호소하고 있는 것은 바로 아가페 사랑이었습니다. 바울의 사랑의 권면은 또한 주 예수 그리스도의 모범을 따르는 것입니다. 주님은 우리의 마음의 문을 노크하시고 말씀으로 설득하는 분이시지 문을 부수고 들어오는 분이 아니십니다(계 3:20). 하나님은 유럽 사람의 말로 하자면 나치가 아니고 우리도 이해할 수 있는 용어로 하자면 공산당이 아니십니다. 강제로 명령해서 행해진 일은 사랑의 일이라 할 수 없습니다. 스스로 자원해서 하는 일 만이 사랑의 반응입니다. 하나님이 우리에게 원하시는 것이 바로 그와 같은 사랑의 반응입니다. 사도 바울은 주님의 모범을 따라 자신을 낮추고 낮추어서 사랑으로써 간구하고 있습니다. 이렇게 할 때에 영적인 변화를 가져올 수 있습니다.

Philemon

5. 자발적인 선행(11-14절)

그가 전에는 네게 무익하였으나 이제는 나와 네게 유익하므로 네게 그를 돌려 보내노니 그는 내 심복이라. 그를 내게 머물러 있게 하여 내 복음을 위하여 갇힌 중에서 네 대신 나를 섬기게 하고자 하나 다만 네 승낙이 없이는 내가 아무 것도 하기를 원하지 아니하노니 이는 너의 선한 일이 억지 같이 되지 아니하고 자의로 되게 하려 함이라.

우리가 살고 있는 세상 속에는 위협과 협박이 난무합니다. 일반적인 인간 관계에서는 강요나 압력을 행사하는 일이 비일비재합니다. 소소한 인간 관계 속에서도 직접 강압하거나 비슷한 분위기를 만들어 마지못해 무슨 일을 하게 만드는 경우가 흔히 일어납니다. 자발적으로 하는 것이 아니라 마지못해서 기부를 하게 하거나 아니면 식사를 대접하게 만들기도 합니다. 〈투캅스1〉이라고 하는 부정부패 경찰을 다룬 영화가 있습니다. 말 그대로 두 명의 경찰관을 주인공으로 하는 영화입니다. 두 사람 중에 고참 경찰은 부정부패에 물든 사람이었습니다. 자기가 맡은 구역 내 사업체를 돌면서 뇌물을 요구하는 그런 경찰관이었습니다. 전화를 해서 "김 사장, 오늘 점심 함께 하지. 김사장 좋아하는 걸로…그런데 나는 생선회 밖에는 못 먹어." 이런 식으로 압력을 넣곤 하는 경찰입니다. 이런 식의 비자발적인 관계는 인격성을 결여한 나쁜 관계입니다. 우리는 이렇게까지는 안한다고 해도, 교회 일을 함에 있어서도 자발적인 헌신보다는 분위기나 압력 때문에 마지못해 일을 하는 경우가 있습니다. 그렇게 하면 교회 일을 하게 하는 데는 효율성이 있을지 모르나, 복음적이지는 않다는 것을 알아야 합니다.

우리는 빌레몬서 속에서 바울의 겸손하고 온유한 자세를 읽을 수가 있습니다. 직전에 살펴본 대로 바울은 자신의 사도적 권위를 내세우지 아니하고 도리어 사랑으로 인하여 권면을 한다고 밝히고 있습니다. 그는 빌레몬이 예수 그리스도 안에서 가지고 있는 믿음과 사랑에 호소하였습니다. 그가 나이가 많다고 하는 사실과 그가 주 예수 그리스도를 위하여 갇히는 데까지 헌신하고 있다는 점을 상기시켜 주었습니다. 바울의 권면은 계속 이어집니다. 바울은 오네시모에 대해 칭찬하면서 자신의 복음 사역의 동역자로 유익을 끼치고 있다는 점을 말하고, 자신의 사역을 돕는 일에 힘쓸 수 있도록 오네시모를 돌려보내니 받아 들여 주고 다시금 자신에게 돌려 보내 달라고 간청하고 있습니다. 그러나 바울은 억지가 아니라 자발적인 헌신을 기대하고 있는 것을 보게 됩니다.

1. 갇힌 중에 낳은 아들 오네시모

다시 한 번 바울과 오네시모의 관계에 주목해 보겠습니다. 바울과 오네시모는 네로 황제가 통치하고 있던 로마 제국 수도인 로마시의 한 감옥에서 만났습니다. 바울도 죄수의 신분이요, 오네시모도 죄수의 신분이 되었습니다. 이 두 사람은 세상 말로 하면 감옥 동창생이 된 셈입니다. 그러나 감옥에 갇혀 있다고 해서 같은 사람이었겠습니까? 오네시모라는 사람은 빌레몬과 같이 믿음과 사랑이 충만한 주인을 배신하고 도망을 칠 정도였으니 아주 몹쓸 사람이었음에 틀림이 없습니다. 5절에 보면 바울이 빌레몬을 칭찬하기를 "주 예수와 및 모든 성도에 대한 네 사랑과 믿음이" 있다고 했으니 빌레몬이 자기 집의 노예에게 포악하게 대했을 리가 없을 것입니다.

그러나 오네시모는 그와 같이 좋은 주인의 곁에 있는 것 조차 만족하지 못하고 주인의 돈을 훔쳐서까지 로마로 도망을 쳤습니다. 오네시모가 바울을 처음 만났을 때에도 틀림없이 그는 죄를 짓고 붙잡혀서 바울이 있는 옥에 수감되었을 것입니다. 그는 근본적으로 사람 취급도 못 받는 노예의 신분인데다 주인을 배신하고 도망친 아주 흉악하고 쓸모없는 불한당인 것입니다.

그런데 사도 바울은 어떤 부류의 사람입니까? 비록 그가 이런저런 죄수들과 같이 감옥에 갇혔으며, 쇠사슬에 매인 신분이 되었지만 그는 항상 '네로의 죄수'라고 말하지 아니하고 '그리스도 예수 까닭에 쇠사슬에 매인 죄수'라고 자랑스럽게 말하곤 하는 사람이었습니다. 본문 9절에도 그렇게 말하지만, 에베소서 3장 1절에도 보시면 자기를 "이러므로 그리스도 예수의 일로 너희 이방인을 위하여 갇힌 자 된 나 바울"이라고 소개하고 있습니다. 만약 바울에게 죄가 있었다고 한다면 그가 예수 그리스도를 너무나 사랑했다는 것이요, 영혼을 사랑하여 그리스도의 복음 전하기를 부끄러워하지 아니하여 온갖 박해와 환란에도 불구하고 계속해서 전파한 죄일 것입니다. 바울은 비록 감옥에 갇혀 있다고 할지라도 로마 시민이요, 지성인이요, 예수 그리스도의 사도였습니다. 말씀 머거리지라는 작가는 독재자 아돌프 히틀러에 저항하다가 투옥되어 수감생활을 하다가 결국 교수형에 처해진 독일의 젊은 신학자 디트리히 본회퍼에 대해서 "보라! 얼마나 놀라운 사람이 이 지상 위에 살고 있는가!" Look what a wonderful man is living on the earth라고 말했다고 합니다만, 이 말을 우리는 사도 바울에게도 적용할 수 있을 것입니다.

바울과 오네시모는 감옥에서 같은 죄수의 신분으로 만났지만 이처럼 전혀 이질적인 삶을 살고 있는 사람들이요, 전혀 비교할 수 없는 질적인 차이를 가진 인생을 살고 있었던 것입니다. 그러나 사도 바울은 어디에 있든지 누구를 만나든지 오로지 한 가지 관심에 따라 움직였습니다. 이 사람이 예수 그리스도를 아는 사람인가 아닌 사람인가? 이것이 바울이 사람을 나누는 기준이었습니다. 그래서 예수 그리스도를 모르는 사람에게는 빈부귀천을 막론하고 그리스도의 십자가의 복음을 전해 주었습니다. 하나님의 복음의 위대한 점이 무엇입니까? 오네시모처럼 아무 짝에도 쓸모없는 불한당과 죄인이 근본적으로 변화될 수 있는 가능성이 있다는 것 아니겠습니까? 우리나라에도 일가족을 도끼로 찍어 죽인 고재봉이나 지존파 두목의 회심을 생각해 보시기 바랍니다. 교도소 전도를 했던 박효진 장로님의 『하나님이 고치지 못할 사람은 없다』는 책에 보면 유사한 예를 많이 볼 수 있습니다.[30] 아무튼 오네시모는 바울의 복음 전도를 받아서 거듭난 신자가 되었습니다. 10절에 보면 바울은 오네시모를 가리켜 "갇힌 중에서 낳은 아들"이라고 소개하고 있습니다. 오네시모는 예수 그리스도를 믿고 전혀 새 사람이 되었던 것입니다.

2. 전에는 무익하였으나 이제는 유익하게 된 사람

11절에 보시면 오네시모가 어떤 사람으로 변화되었는가에 대해 바울은 재미있는 워드 플레이word play를 하고 있습니다. "그가 전에는 네게 무익하였으나 이제는 나와 네게 유익하므로"라는 구절입니다. 그가 전에는 네게 "무익한"(헬라어로 아크레스톤) 자였으니 이제는 "유익한"(헬라어로 유크레스톤) 자가 되었다고 말합니다.[31] 이런 워드 플레이는 오네시모의 이름 뜻을 활용해서 한 것입니다. 오네시모Onesimus라는 이름의 뜻이 무엇인가 하면 "유익한" 혹은 "유용한"profitable, useful 자라는 뜻입니다. 그러나 그가 예수 그리스도를 믿기 전 빌레몬의 집에 있을 때에는 자기 이름값도 못한 자였다는 것입니다. 이름 뜻대로 살아서 주인에게 유익한 자가 되기는커녕 반대로 주인을 괴롭게 하는 무익하고 쓸모없는 자로 근심만 끼치는 자였다는 것입니다. 선한 주인을 배신하고 주인의 돈을 훔쳐서 멀리 도망을 칠 정도였으니 주인의 집에 있을 때에도 어떤 마음 자세로 일을 했을지는 불 보듯 뻔한 일입니다. 그리고 오네시모나 빌레몬이 살고 있던 골로새가 속한 지방의 이름을 브루기아Phrygia라고 하는데, 브루기아 노예들Phrygian slaves하면 "믿을 수 없고 충성스럽지 못한unreliable and unfaithful 자들의 대명사"로 사용될 정도였다고 하는 기록이 남아있습니다.[32]

그런데 이처럼 무익하고 쓸모없던 오네시모가 이제는 예수 그리스도를 만나서 거듭난 후로 이름값을 하는 자, 자기 이름에 걸맞는 자가 되었다는 것이 놀라운 일입니다. 바울은 자신에게도 유익한 자가 되었을 뿐 아니라 옛 주인 빌레몬에게도 유익한 자가 되었다고 말해 줍니다. 전 같으면 마지못해 일을 하고 눈치나 살피면서 태업을 하고 기회가 닿으면 악을 행하던 자가 변하여 이제는 사람의 눈을 의식하는 것이 아니라 하늘에 계신 참 주인이신 하나님을 두려워하면서 맡겨진 일을 자발적으로 그리고 충성스럽게 감당하는 자로 변화된 것입니다. 바울은 에베소서 6장 5절 이하에서 그리스도인을 상전으로 둔 종들에게 다음과 같이 권면하고 있는데, 오네시모가 바로 그와 같이 신실한 종으로 변화된 것입니다. "종들아 두려워하고 떨며 성실한 마음으로 육체의 상전에게 순종하기를 그리스도께 하듯 하라. 눈가림만 하여 사람을 기쁘게 하는 자처럼 하지 말고 그리스도의 종들처럼 마음으로 하나님의 뜻을 행하고 기쁜 마음으로 섬기기를 주께 하듯하고 사람들에게 하듯 하지 말라. 이는 각 사람이 무슨 선을 행하든지 종이나 자유인이나 주께로부터 그대로 받을 줄을 앎이라."(엡 6:5-8; 참고 골 3:22).

한국의 그리스도인 가운데는 신앙이 중요하다고 하면서 직장이나 학교 생활에 있어 태만히 하고 소홀히 하는 이들이 많습니다. 그러나 우리가 성경에서 만나는 믿음의 선배들은 이처럼 살지 않았습니다. 요셉이나 다니엘을 한 번 생각해 보십시오. 그들은 바로 왕이나 느부갓네살같이 아주 잔인한 군주 밑에서 공직 생활을 한 사람들입니다. 그들은 그렇게 어렵고 힘든 환경 가운데서 믿음을 지켰고 신앙의 정절을 지켰습니다. 개인적으로 신앙 생활을 잘 했을 뿐 아니라 공적인 생활에 있어서 왕과 백성을 위해서 성실하고 충성스럽게 일했습니다. 그들은 애굽과 바벨론에 관영한 우상숭배나 음란한 죄에 가담하지 않으면서도 사회적으로 크게 기여하는 삶을 살았던 것입니다. 우리가 본받아야 할 삶의 모습이라고 할 수 있습니다. 그리스도인이 되고 나면 이전에는 무익하던 자가 유익한 자가 되는 것입니다. 이전에는 골칫거리가 변하여 이제는 축복의 통로가 되는 것입니다.

심지어 바울은 변화된 오네시모가 얼마나 유익한지 자기 곁에 두고 싶다는 말도 합니다. 물론 바울이 오네시모를 곁에 두고자 하는 것은 그저 잔심부름이나 시키기 위해서가 아니었습니다. 그는 바울의 복음 사역에 훌륭한 조력자 역할을 할 수 있는 자로 성장한 것입니다. 13절에 보시면 "그를 내게 머물러 있게 하여 내 복음을 위하여 갇힌 중에서 네 대신 나를 섬기게 하고자 하나"라고 바울이 말하고 있는 것을 보아서도 알 수 있는 일입니다. 바울은 빌레몬이라는 사람이 예수 그리스도의 복음을 전파하는 사역을 위해서 얼마든지 조력하고 헌신하는 자임을 인정하고 칭찬했습니다. 그래서 빌레몬은 바울의 복음 사역을 위해서 기회가 닿는다면 얼마든지 도와줄 사람이지만 너무 멀리 떨어져 있기 때문에 그렇게 할 수가 없습니다. 하지만 바울은 너의 종이었던 오네시모가 바로 그 역할을 할 수 있는 자로 변화되었기 때문에 네 대신에 그를 곁에 머물러 두어서 복음사역의 조력자가 되게 하고 싶은 마음이 꿀떡같다고 말하는 것입니다.[33]

3. 자발적인 선행

바울의 마음이 그렇게도 간절한데도 불구하고, 바울은 오네시모를 곁에 붙잡아 두지 아니하고 그의 옛 주인 빌레몬에게 돌려보낸다고 말합니다. 12절에 보시면 "네게 그를 돌려보내노니 그는 내 심복이라."고 말합니다. 바울은 오네시모를 빌레몬에게 돌려보낸다고 말하는데, '돌려보낸다'send back는 말은 오네시모에 대한 모든 처분권이 빌레몬에게 있음을 인정하고 원래의 권리를 가진 자에게 마땅히 돌아가게 한다는 의미를 가지고 있습니다. 바클레이에 의하면 바울이 사용한 헬라어 동사 아나펨페인*anapempein*은 "일반적으로는 '돌려보낸다'는 뜻이 되는데 그 외에 법률적인 용어로 사건 판결을 위해서 위탁한다"는 뜻이 있다고 합니다.[34] 빌레몬이 바울의 편지를 받고서 이렇게 하든 저렇게 하든 잘 알아서 결정하라는 것입니다. 바울은 당시의 사회를 지배하고 있던 질서를 함부로 깨트리지 않았습니다.

이처럼 바울은 빌레몬에게 조금도 명령하거나 강제하지 않습니다. 압력을 넣지 않습니다. 그러나 바울은 더 강한 효과를 가져올 말을 했습니다. "내가 오네시모를 너에게 돌려보내는데, 그는 내 심복이라"(타 에마 스플랑크나, τὰ ἐμὰ σπλάγχνα)라고 말입니다. 내 심복이라는 말은 원래 몸 속에 있는 내장 특히 심장을 가리킵니다. 그래서 "이 사람은 내 심복이다"라는 말은 '내가 얼마나 아끼고 내가 얼마나 소중하게 여기는지 내 심장과 같은 존재'라는 뜻이 됩니다. 영어로 하면 "바로 나 자신"my very self이라고 번역할 수 있습니다. 그러니까 바울이 오네시모를 돌려보내기는 하지만 '이제부터 그를 어떠한 사람으로 받아달라고 하느냐'하면 '옛 노예 오네시모가 아니라 마치 바울 자신이 그의 집을 방문한 것처럼 선처하고 선대해 달라'는 것이었습니다.

그러면 이렇게까지 귀하게 여긴 오네시모를 바울은 구태여 왜 다시 골로새로 돌려보내려고 한 것일까요? 분명 바울은 오네시모가 골로새에 가서 옛 주인 빌레몬을 만나서 다시 자신에게 돌아와 주기를 간절히 바라고 있는데도 말입니다. 당시 로마법에 의하면 도망친 노예를 주인에게 돌려보내야 하는 것은 당연한 제국 시민의 의무였습니다. 그러나 바울이 오네시모를 돌려보내는 것은 복음적인 회개의 의미도 담고 있는 일이라는 것을 말씀드리고 싶습니다. 살펴보았듯이 오네시모는 이미 과거의 죄를 회개하고 새 사람이 되었습니다. 그러나 옛 주인인 빌레몬과의 관계 회복이 남아있습니다. 아직 오네시모가 주인에게 직접적인 회개를 하거나 양자가 화해할 기회를 가지지를 못했습니다. 오네시모는 옛 주인에게 죄를 저질렀기 때문에게 다시 돌아가서 주인에게 자신의 과거의 잘못을 고백하고 진정으로 용서를 구해야 할 의무가 있습니다. 이처럼 원점으로 다시 돌아가는 것이 회개의 의미인 것입니다. 하나님 앞에 용서를 다 구했고 또한 용서를 받기도 했으니 끝이라고 생각하면 안 됩니다. 사람끼리 잘못한 것은 사람끼리 푸는 절차를 밟아야 합니다. 2007년에 개봉된 〈밀양〉이라는 영화가 있습니다. 주인공은 자기 아들을 유괴하여 죽이고 결국 체포되어 수감되어 있던 학원 원장을 찾아가 용서의 메시지를 전하려고 했습니다. 하지만 이미 그 흉악범은 하나님께 용서를 받고 마음이 편안하다고 대답을 했습니다. 이때에 주인공은 내가 용서를 안했는데 하나님이 왜 먼저 용서하냐고 절규하면서 실신하고 맙니다. 저는 양쪽이 다 문제라고 생각을 합니다. 주인공은 진정한 회심이 아니라 분위기에 의한 유사 회심을 한 사람이었습니다. 또한 학원 원장은 설령 하나님께 용서를 받았다고 하더라도, 피해자인 주인공을 만났을 때에 눈물로 참회를 하고 용서를 구했어야 옳습니다. 하나님께서 이미 용서하셨다고 해서 다른 사람에게 상처를 입히고 해를 가한 것이 당연히 없어지는 것이 아닙니다. 가해자는 반드시 피해자를 찾아가서 진심으로 용서를 구하고 그 결과 용서를 받아야 마땅한 것입니다.

회개의 의미가 그러하기 때문에, 바울은 오네시모를 옛 주인 빌레몬에게 돌려보냅니다. 과거의 문제를 해결하기 위해서입니다. 그러나 그는 빌레몬이 그를 용서하고 바울에게 다시 돌려보내 주기를 간절히 원하고 있습니다. 13-14절을 다시 보십시다. "그를 내게 머물러 있게 하여 내 복음을 위하여 갇힌 중에서 네 대신 나를 섬기게 하고자 하나 다만 네 승낙이 없이는 내가 아무 것도 하기를 원하지 아니하노니 이는 너의 선한 일이 억지같이 되지 아니하고 자의로 되게 하려 함이라." 바울은 빌레몬이 오네시모를 다시 돌려보내기를 원하지만 빌레몬이 쾌히 승낙해 주기를 바라고 있습니다. 거듭 반복하는 말이지만, 아무리 선한 일이라 하더라도 강압에 의해서 마지못해 하는 것이라면 아름답지 못한 일이요, 인격적인 방식이 아닙니다. 바울은 어떤 식으로든 강제력을 동원하지 않습니다. 억지로 하는 것은 노예적인 굴종이지, 아름다운 헌신이 아니기 때문입니다. 선한 일은 마음에서부터 우러나와 자발적으로 하는 것이어야 아름다운 일인 것입니다. 바울은 빌레몬을 믿고 있습니다. 그가 얼마든지 자원하는 마음으로 자기가 기대하는 것 이상으로 행할 것을 알고 있습니다.

우리에게 필요한 것도 바로 이와 같은 자발적인 헌신이요,

자의에 의한 봉사입니다. 남이 시켜서 마지못해 억지로 하는 일은 자신에게도 남에게도 무익한 일입니다. 눈에 보이는 보상이 없을지라도 주님을 사랑하는 마음, 교회를 사랑하는 마음에서 우러나오는 봉사가 아름답고 감화력이 있습니다. 물론 때로는 성숙 과정에서 지도자가 억지로라도 일을 맡기고 채근해야 하는 수준도 있습니다. 목회자가 강력하게 책망하는 말을 해서 정신이 번쩍 들게 해야 하는 때도 있습니다. 모두가 빌레몬 같이 성숙한 수준은 아니기 때문입니다. 그러나 결국에는 모든 성도가 빌레몬같이 자원해서 봉사하거나 헌신하고, 또한 선한 일을 위해 헌금하는 그런 성숙한 신자가 되도록 양육할 의무가 목회자에게 있습니다. 무슨 일을 하든지 세상적인 방식으로 할 수도 있습니다. 당장에는 효과가 있을 것입니다. 하지만 교회는 오늘 바울이 하는 것처럼 자발적인 헌신에 이르도록 공동체 분위기를 조성해야 합니다. 무슨 일을 하든지 주님을 사랑하고 지도자를 존중하는 마음으로 공동체가 세워져야 합니다. 그리스도의 교회는 단지 많은 일을 하기 위해 모인 집단이 아니라 성숙한 신자가 되도록 돕기 위해서 모인 공동체이기 때문입니다.

그가 전에는 네게 무익하였으나 이제는 나와 네게 유익하므로 네게 그를 돌려 보내노니 그는 내 심복이라. 그를 내게 머물러 있게 하여 내 복음을 위하여 갇힌 중에서 네 대신 나를 섬기게 하고자 하나 다만 네 승낙이 없이는 내가 아무 것도 하기를 원하지 아니하노니 이는 너의 선한 일이 억지 같이 되지 아니하고 자의로 되게 하려 함이라

Philemon

6. 사랑받는 형제로 둘 자라 (15-17절)

아마 그가 잠시 떠나게 된 것은 너로 하여금 그를 영원히 두게 함이리니 이 후로는 종과 같이 대하지 아니하고 종 이상으로 곧 사랑 받는 형제로 둘 자라. 내게 특별히 그러하거든 하물며 육신과 주 안에서 상관된 네게랴? 그러므로 네가 나를 동역자로 알진대 그를 영접하기를 내게 하듯 하고

오래 전에 기독교 신문에 실린 이야기가 기억납니다. 죄를 짓고 감옥에 수감되어 복역하고 있던 한 사람의 이야기입니다. 이 사람은 중학교를 다닐 때 수업 시간에 술을 먹다가 여선생님에게 뺨을 맞았고, 이에 대한 반항으로 여선생님을 폭행하고 뛰쳐나온 후 학교에서 퇴학을 당했습니다. 그러고 나서 몇 번 감옥을 들락거렸는데, 나중에는 마음을 고쳐 먹고 바르게 살기로 결심했다고 합니다. 그런데 대학에 다니는 동안 워낙 전과가 많은 과거를 가지고 있는지라 무슨 사건만 일

어나면 경찰이 찾아오고, 심지어는 학교 교수들에게까지 찾아가서 그에 대해 조사해 가곤 했습니다. 그는 마음을 바로잡고 새로운 인생을 출발했다고 생각했지만, 경찰이 그를 항상 의심스러운 눈으로 쳐다보고 요주의 인물 취급을 했습니다. 이와 같은 일이 반복되자 그는 결국 술을 먹고 경찰서에 찾아가서 소동을 부린 후에 다시 감옥에 수감되었다는 이야기였습니다. 이 사회는 사람이 한 번 죄를 짓고 낙인이 찍히면 좀처럼 곱게 보지를 않는다는 것을 보여주는 사례입니다. 자신은 마음을 고쳐먹고 바로 살고자 하는데, 사람들은 그를 항상 색안경을 끼고 보고 또 상종하지 않는 것입니다. 나쁜 사람이 그리 쉽게 바뀔 리가 없는 것이라고 생각하기 때문입니다.

반면에 빅토르 위고 Victor Hugo가 쓴 유명한 소설 『레미제라블』 *Les Misérables*에 보면 주인공 장발장 Jean Valjean은 가난하고 배가 고파서 빵 한 조각을 훔친 것 때문에 18년 형을 살고 마침내 출소합니다. 그러나 어느 누구도 그를 환영하거나 숙소를 제공해주거나 음식을 팔려고 하는 이가 없었습니다. 하지만 어떤 마을의 주교인 비앵브뉘 Bienvenue는 장발장을 환대했습니다. 심지어는 은접시를 훔쳐 야반도주하다가 체포된 그에게 신부는 은촛대까지 주면서 선한 일에 쓰라고 권면할 정도였습니다. 이러한 호의와 사랑에 감동을 받은 장발장은 새 사람이 되어 선한 일에 힘쓰는 자가 된다는 이야기입니다. 어떤 사람이라도 그를 믿어주고 그에게 호의를 베풀면 변할 수 있다는 교훈을 담은 소설입니다.

우리는 빌레몬서를 통해 주인에게 죄를 짓고 도망을 쳐놓고 로마에서 또 다시 죄를 짓고 옥중에 갇히게 되었다가 예수 그리스도를 믿고 새 사람이 된 오네시모라는 사람을 봅니다. 사도 바울은 그를 다시금 옛 주인 빌레몬에게 돌려 보내면서 어떻게 하든지 그를 좋게 봐달라고 선처해 달라고 당부하는 추천의 글을 쓰고 있습니다. 사실 오네시모처럼 과거에 사고뭉치였던 사람을 위해서 추천의 글이나 신원 보증의 글을 쓴다는 것은 참으로 부담스러운 일일 것입니다. 그러나 바울은 오네시모가 진짜로 변화된 사람으로 과거에는 이름값도 못하는 자였으나 이제는 유익한 자가 되었다고 말을 해 주었습니다. 그리고 그를 갇힌 중에서 낳은 아들이라고까지 칭찬합니다. 아마 노예로서 자기 비하와 자기 열등감에 시달리던 오네시모에게 있어서도 바울의 이러한 말은 그의 가슴을 뭉클하게 만들었을 것입니다. 바울은 빌레몬이 어떻게 하든지 오네시모를 용서하고 그를 영접해 주며, 가능하면 다시 바울에게로 돌려보내 복음 사역의 조력자로 쓰게 해 줄 것을 간청하고 있습니다. 바울의 이런 심정이 드러나고 있는 몇 구절을 함께 살펴보도록 하겠습니다.

1. 그가 잠시 떠나게 된 것은(15절)

먼저 15절 말씀을 봅니다. "아마 그가 잠시 떠나게 된 것은 너로 하여금 그를 영원히 두게 함이리니." 여러분 이것이 무슨 뜻인지 이해가 잘 되십니까? 이 구절은 마치 바울이 오네시모를 잠시 떠나 보내지만 빌레몬이 다시 되돌려 보내주어서 영원히 바울 곁에 두게 하고 싶다는 말처럼 들립니다. 그러나 이 구절은 바울이 자신에 대하여 하는 말이 아니고 빌레몬에 대하여 하는 말입니다. 이해하기 쉽도록 이 구절을 다시 옮기자면 "혹시 그가 너로부터 잠깐동안 떠나게 되었던 것은 너의 곁에 영원히 있게 하기 위해서 일지도 모르겠다. 즉, 알고 보면 좋은 일이고 잘된 일이다."가 됩니다. 표준새번역은 본문의 의미를 잘 포착하고 있습니다. "그가 잠시 동안 그대를 떠난 것은, 아마 그대로 하여금 영원히 그를 데리고 있게 하려는 것이었는지도 모릅니다." 바울은 오네시모가 빌레몬의 집에서 도망친 것에 대해서 아주 부드럽게 표현을 하기를 "그가 잠시 떠나게 된 것"이라고 한 것입니다. 주인의 돈을 훔쳐서 도망친 노비에 대한 말 치고는 굉장히 부드러운 표현입니다. 마치 용무가 있어서 잠시 주인 집을 떠난 종의 경우처럼 표현을 하고 있으니 말입니다.

그러나 이 구절에는 보다 깊은 의미가 담겨 있습니다. 현상적으로 보자면 오네시모가 자기의 본분을 어기고 주인을 배신하고 주인에게 손해를 끼치고 도망을 친 것이 분명합니다. 그러니 인간적으로 보자면 아주 나쁜 종이라 정죄를 당하여 맞아 죽어도 싼 종이고, 어떤 욕을 먹어도 마땅한 노비입니다. 그러나 사도 바울은 오네시모가 그렇게 저지른 악한 행동 속에 역사하신 하나님의 손길을 보고 있습니다. 물론 죄를 짓고 도망을 친 것은 오네시모의 죄이기 때문에 변명의 여지가 없는 일입니다. 그럼에도 불구하고 바울은 오네시모가 도망을 쳐서 로마까지 왔고, 바울을 만나서 예수님을 믿게 되고 새 사람으로 변화하게 된 것 등 일련의 행적을 돌아보아 모든 것이 합력하여 선이 되게 하시는 하나님의 섭리적 조치(롬 8:28)를 읽고 있는 것입니다. 역시 바울은 바울답습니다. 그는 여기서도 인생을 하나님의 섭리라는 관점에서 제대로 읽고 있습니다. 오네시모가 주인의 집에 머물면서 눈에 연기처럼 혹은 옆구리에 가시처럼 행동하면서 끊임없이 문제를 일으키는 것 보다는 일련의 고통스러운 과정을 거치면서 새 사람이 되어 다시 돌아가게 된 것이 하나님의 은혜와 큰 긍휼의 역사인 것입니다. 바울은 바로 이것을 보고 있는 것입니다. 그가 잠시 동안 너를 떠나 있었으나 이제 그는 변화되고 유익한 종이 되어 너는 그를 영원히 돌려받는 것이 되지 않았느냐는 말입니다.

이처럼 사도 바울이 빌레몬에게 한 말은 개인의 실수나 악을 바꾸어 선을 만들어 내시는 하나님의 섭리를 반영하고 있습니다. 초대 교부 존 크리소스톰은 사도 바울의 말과 요셉의 말을 비교했습니다. 요셉이 형님 앞에 자신의 정체를 드러내면서 고백했던 말이 창세기 45장 5절 이하에 기록되어 있습니다. "당신들이 나를 이곳에 팔았다고해서 근심하지 마소서. 한탄하지 마소서. 하나님이 생명을 구원하시려고 나를 당신들보다 먼저 보내셨나이다.… 하나님이 큰 구원으로 당신들의 생명을 보존하고 당신들의 후손을 세상에 두시려고 나를 당신들보다 먼저 보내셨나니 그런즉 나를 이리로 보낸 이는 당신들이 아니요 하나님이시라. 하나님이 나를 바로에게 아버지로 삼으시고 그 온 집의 주로 삼으시며 애굽 온 땅의 통치자로 삼으셨나이다." 요셉을 팔아먹은 천인공노할 형제들의 죄는 죄대로 남아 있습니다. 그러나 요셉은 그와 같은 인간적인 악행을 가지고도 선을 만들어 내시는 하나님의 주권적인 은혜를 보았던 것입니다. 비록 형제들의 죄는 컸지만 그 죄의 세력에 요셉이 희생당하지 아니하고 도리어 모든 것이 변하여 선이 되도록 역사하신 하나님의 은혜가 더 컸던 것입니다. 그래서 요셉은 형제들의 죄를 용서하면서 근심하지 말라고 위로할 수 있는 것입니다. "당신들이 나를 팔았으나, 실은 이곳에 나를 보내신 이는 하나님이시다. 그리고 우리에게 큰 구원을 베풀기 위해서 그렇게 하신 것이다." 이것이 바로 오늘 본문에서 바울이 이야기하는 바 섭리의 신앙인 것입니다. 그가 잠깐 너를 떠나기는 했지만 이제는 변화되어 유익한 자로 오랫동안 너의 곁에 둘 수 있게 되었다는 것입니다. 하나님이라는 표현을 쓰지 않으면서도 바울은 악을 선으로 바꾸시는 하나님의 은혜에 대해 효과적으로 말하고 있습니다.

2. 이제는 종 이상으로 곧 사랑받는 형제로 둘 자라(16절).

바울은 이어 빌레몬에게 오네시모를 환영해 달라고 요청을 하게 되는데 16절에 보면 "이 후로는 종과 같이 대하지 아니하고 종 이상으로 곧 사랑받는 형제로 둘 자라. 내게 특별히 그러하거든 하물며 육신과 주 안에서 상관된 네게랴?"라고 말합니다. 바울은 오네시모를 옛 주인에게 돌려보내고자 합니다. 오네시모는 빌레몬의 노예로 도망을 쳤고, 이제 역시 노예의 신분으로 빌레몬에게 돌아가고자 하는 것입니다. 어떤 사람들은 말하기를 왜 바울은 이런 좋은 기회에 노예 제도에 대해서 비판하거나 최소한 빌레몬에게 오네시모를 노예에서 해방시켜 달라고 요구하지 않았는가라며 비판했습니다. 당시 로마 제국 내에 6천만 명에 이르는 노예가 있었지만 바울이나 초대 교회의 어떤 사도도 노예 제도를 공격하거나 노예 해방을 주장한 이는 없었습니다. 그럼에도 불구하고 오늘 본문 16절 같은 구절을 읽어보면 19세기 영국의 유명한 신약학자 J. B. 라이트푸트가 코멘트한 대로 "비록 입 밖으로는 내지 않았으나 노예 해방이라는 생각은 이 서신에 현존한다."라고 말할 수도 있을 것 같습니다.[35]

16절을 주의해서 읽어보신다면 바울은 빌레몬에게 엄청난 요구를 하고 있는 것을 알 수 있습니다. 바울이 빌레몬에게 종은 종이로되 종으로 대하지 말고 종을 넘어 곧 사랑받는 형제로 대해 달라고 부탁했으니 말입니다. 바울은 사회적인 혁명이나 사회적인 질서의 전복을 주장하지는 않지만, 예수 그리스도 안에서 인간 관계의 혁명적인 변화가 가능함을 말하고 있습니다. 바울은 노예 제도에 대해서는 시비를 걸지 않으면서도, 예수 그리스도 안에서 급변하게 된 종과 주인의 관계에 대해서는 분명하게 가르치고 있습니다. 바울은 노예를 소유한 주인들에게 다음과 같이 요구했습니다. "상전들아 의와 공평을 종들에게 베풀지니 너희에게도 하늘에 상전이 계심을 알지어다"(골 4:1). "상전들아 너희도 그들에게 이와 같이 하고 위협을 그치라. 이는 그들과 너희의 상전이 하늘에 계시고 그에게는 사람을 외모로 취하는 일이 없는 줄 너희가 앎이라"(엡 6:9). 고대 사회에서 노예는 개인 소유물입니다. 주인에게는 죽이고 살릴 권세가 있습니다. 일하는 짐승과 다를 바가 없는 신분이 노예의 신분입니다. 물론 당시에도 전문직에 종사하는 노예가 있기는 했지만 오네시모의 경우는 빌레몬에게 속한 종일 뿐입니다. 그런데 바울은 믿는 상전들에게 권면하기를 다른 노예주가 하듯이 하지 말고 하늘에 계신 주님이 어떻게 너희를 대하시는지를 참조해서 노예를 선처해 주라고 했습니다. 이런 권면은 노예 제도를 없애지 아니하고서도 노예 제도 아래 자행되고 있던 비인간적인 만행을 제거하는 역할을 하게 되었습니다. 기독교가 사회를 변화시키는 방식은 이렇게 느리고 점진적이지만 소금이나 누룩처럼 변화를 일으키는 방식을 취합니다. 소위 조용한 혁명 silent revolution 이라고 할 수 있습니다.

오늘 본문에서 바울은 빌레몬에게 심지어 오네시모를 종으로 대하지 말고 사랑하는 형제로 대하라고 권면하고 있는 것을 봅니다. 이것은 예수 그리스도 안에서 신분 질서가 혁파될 수 있음을 보여주는 말씀입니다. 주인과 종의 관계는 세상의 질서에 속한 것이지만, 예수 그리스도를 함께 믿는 주인과 종은 영적으로는 형제 간이 되는 것입니다. 물론 바울은 종들에게 믿는 상전이라고 태업을 하거나 무례하게 대해서는 안 된다고 경고하기도 했습니다. 그러나 주인들에게는 이제 자신의 종들을 그리스도 안에서 형제로 대하라고 권면하기도 했습니다. 바울은 이제 유익한 자로 변화된 오네시모가 종이 아니라 종 이상으로 사랑받는 형제로 둘 자라고 빌레몬에게 추천의 말을 했습니다. 그러면서 "내게 특별히 그러하거든 하물며 육신과 주 안에서 상관된 네게랴?"라고 말합니다. "육신과"라는 말은 빌레몬과 오네시모의 주인과 종으로서의 관계를 포함하여 그동안 둘이 쌓아온 관계를 의미합니다. 그리고 "주 안에서"라는 말은 이제 오네시모가 예수님을 믿게 되었으니 두 사람 다 이제는 주 안에 있는 관계요, 주 안에서 범사를 생각해야 할 사이가 되었다는 말입니다. 이렇게 주 안에서 변화되어 새 사람이 된 오네시모를 빌레몬이 형제로 여기는 것은 가능한 일인 것입니다.

전북 김제에는 1900년에 테이트(한국명 최의덕) 선교사가 세운 금산교회가 있습니다. 그 교회 설립 역사를 보면 조덕삼 장로와 그의 머슴 이자익에 대한 이야기가 유명합니다. 두 사람에 대한 전기가 각각 나와 있을 정도입니다.[36] 조덕삼이라는 사람은 원래 마방을 운영하던 부자입니다. 그리고 이자익은 일자무식의 머슴이었습니다. 두 사람 다 금산교회를 다니게 되었습니다. 후에 장로 투표를 하는데 조덕삼 씨가 아니라 그의 머슴 이자익이 장로로 선출되었습니다. 그러나 조덕삼 집사는 이자익 장로를 인정하고 같이 교회를 섬겼습니다. 후에는 평양신학교에 입학시켜서 공부를 시켰고, 이자익 목사는 세 차례나 장로교회 총회장을 지내기도 했습니다. 언젠가 인터넷 기사를 보니 두 사람의 후손은 오늘날까지도 좋은 관계 속에서 지낸다고 합니다. 당시 서울에 있던 어떤 교회에서 백정 출신의 사람이 장로가 된 것에 대해 양반들이 반발하면서 나가 다른 교회를 설립했던 것과 대단히 대조적인 일입니다. 도대체 누가 예수 그리스도의 복음을 제대로 알고 실천한 것이겠습니까? 이는 물어보나 마나한 일일 것입니다.

3. 그를 영접하기를 내게 하듯하라(17절)

그리고 바울은 17절에서 "그러므로 네가 나를 동역자로 알진대 그를 영접하기를 내게 하듯하고"라고 말하기까지 하는 것을 보게 됩니다. 바울은 빌레몬에게 자신을 동역자라고 생각한다면 마치 바울을 맞이하듯이 오네시모를 환영해 달라고 요청을 합니다. 오네시모가 간다면 단순히 집안에 들여 주고 벌을 가하지 않는 것으로는 충분하지 않고 마치 바울 자신이 방문한 것처럼 대해 달라는 말입니다. 이는 도망친 노비에 대한 환영치고는 굉장한 환영을 요구하고 있는 셈입니다. 그런데 바울은 빌레몬에게 '자신을 동역자로 안다면'이라는 표현을 썼는데, 개역에서는 동무라고 번역되었던 단어입니다. 바울은 헬라어로 코이노노스*koinonos*를 사용하고 있습니다. 이 단어는 '같은 업에 종사하는 동료', '뜻이 맞고 정서가 통하는 친구'를 가리킬 때 쓰는 단어입니다.[37] 바울과 빌레몬 사이는 정확하게 말하자면 복음을 통하여 스승과 제자 사이요, 영적인 부자 관계라고 할 수 있는데, 바울은 자신을 낮추어 스스럼없이 동역자라는 말을 썼습니다. 그렇다면 이제 빌레몬도 바울이 요청하는 대로 오네시모를 좋은 종이로되 종처럼 부리지 않고 사랑하는 형제처럼 받아들이고 그를 볼 때 마치 사도 바울이 온 것처럼 그렇게 잘 대해 달라는 요구를 뿌리칠 수가 없는 것입니다.

이처럼 우리는 바울이 자신과 빌레몬의 관계를 선용하여 오네시모와 빌레몬의 관계를 좋게 하려고 시도하는 것을 봅니다. 두 사람 사이를 화해시켜 주려 하고, 그리고 관계의 업그레이드를 시도하고 있습니다. 사실 빌레몬과 오네시모가 만나게 된다면 그냥 주인과 종의 관계이고, 더욱이 도망친 노예와 주인의 관계일 뿐입니다. 그러나 바울은 빌레몬에게 자신을 동역자라고 인정한다면 '이제 옥중에서 낳은 내 아들, 그리고 내 심복인 오네시모를 사랑받는 형제로 여겨 달라고, 따라서 가거든 나를 영접하듯이 영접해 달라'고 부탁을 했습니다. 오네시모로서는 언감생심 상상도 할 수 없는 관계의 혁명을 바울은 주선하고 있는 것입니다. 여기서 우리는 이것이 어떻게 가능한가 하고 깊이 생각해야 합니다. 오늘날도 돈 좀 떼먹은 사람하고도 좋은 관계를 유지하기 어려운데 바울은 도망친 노예와 그 주인의 관계를 형제 관계로 업그레이드 시키고 있으니 말입니다. 바울의 권면이 통한다고 한다면 이는 전적으로 사도 바울 때문입니다.

그리고 바울의 요구는 무리한 요구가 아니고 이상한 것도 아니었습니다. 그것은 바로 복음을 실천하라는 요구이기 때문입니다. 우리와 하나님의 관계 역시 오네시모와 빌레몬과 다를 바 없다는 것 아십니까? 우리는 죄인이요 하나님의 원수였습니다. 그런 우리를 하나님과 화목하게 하기 위해 우리 주 예수 그리스도께서 십자가에 못 박혀 죽으심으로 관계의 혁명을 일으키셨습니다. 죄인이 의인이 되었고, 허비하던 인생이 하나님의 영광을 위해서 살아가는 인생이 되었습니다. 뿐만 아니라 하나님을 아버지라고 부르고, 예수 그리스도를 형제라고 부르게 되었습니다. 그리고 우리가 죄와 허물로 가득한 인생이지만 성부 하나님은 주님 때문에 우리를 영접하시고 주님처럼 우리를 사랑해 주시는 것입니다. 그러한 복음적 진리에 근거하여 바울은 자신과 빌레몬의 관계에도, 빌레몬과 오네시모의 관계에도 적용을 하고 있는 것입니다.

아마 그가 잠시 떠나게 된 것은 너로 하여금 그를 영원히 두게 함이리니 이 후로는 종과 같이 대하지 아니하고 종 이상으로 곧 사랑 받는 형제로 둘 자라. 내게 특별히 그러하거든 하물며 육신과 주 안에서 상관된 네게 랴? 그러므로 네가 나를 동역자로 알진대 그를 영접하기를 내게 하듯 하고

Philemon

7. 내 마음이 평안하게 하라(18-20절)

그가 만일 네게 불의를 하였거나 네게 빚진 것이 있으면 그것을 내 앞으로 계산하라. 나 바울이 친필로 쓰노니 내가 갚으려니와 네가 이 외에 네 자신이 내게 빚진 것은 내가 말하지 아니하노라. 오 형제여 나로 주 안에서 너로 말미암아 기쁨을 얻게 하고 내 마음이 그리스도 안에서 평안하게 하라.

어느 교회에서 두 성도 간에 돈을 빌려주고 돈을 빌리는 관계가 되었습니다. 그런데 돈을 빌린 A성도는 돈을 빌려준 B에게 갚지를 않았습니다. 그래서 B는 A에 대해서 나쁜 감정을 가지게 되었습니다. 신앙적으로도 손해를 입을 만큼 좋지 않은 관계가 되고 말았습니다. 그럴 때에 이 모습을 보다 못한 C라는 성도가 B에게 찾아가서 빌린 돈 액수만큼 갚아 주면서 A가 갚은 것이라고까지 말했습니다.

물론 저는 교회 내에서 성도 사이에 금전 거래를 하지 않기를 바랍니다. 특히 어려운 사람을 도와주는 것이면 몰라도 이자를 받고 돈을 빌려주는 사채의 성격을 가진 돈놀이를 하는 것은 신자간에 금해야 할 일입니다. 하지만 C라고 하는 성도의 처신을 어떻게 생각하십니까? 주제넘은 일입니까 아니면 아름다운 미담입니까? 제가 아는 동료 목사님 가운데도 교회를 개척하여 목회하던 중에 한 여성도가 목사님을 찾아온 이야기를 해 주었습니다. 교회 안에 어떤 가난한 성도가 전셋집을 옮겨야 하는데 어려움이 있다는 소식을 듣고 목사님에게 천만 원을 내어 놓으면서 비밀리에 도와주라는 것이었습니다. 자본주의 사회에 살면서 자본주의 논리에 물든 사람에게는 이런 일이 이해가 되지 않을지도 모르겠으나, 복음 안에서는 이해가 가능한 일일 것입니다.

사도 바울은 주인의 돈을 훔치고 도주하기까지 한 전력을 가진 오네시모를 원 주인인 빌레몬에게 돌려보내면서 추천의 편지를 써 주었습니다. 바울은 오네시모가 옥중에서 거듭났으며 얼마나 신실하고 유용한지 제 이름값을 하고 있다고 칭찬했습니다. 뿐만 아니라 오네시모는 "내 심복"이라는 말까지 썼습니다. 그러면서 오네시모를 다시 돌려보낼 터이니 종이 아니라 사랑받는 형제로 여기라고 권하였고, 마치 바울을 영접하듯 오네시모를 영접해 달라고 요청했습니다. 이러한 요청을 받은 빌레몬은 바울과의 관계가 있기 때문에 바울의 요구를 거절할 수가 없었을 것입니다. 그러나 바울은 이 정도에서 멈추지 아니하고 스스로의 부담으로 걸림돌이 될 만한 것을 제거하려고 시도하는 것을 볼 수 있습니다.

1. 내 앞으로 계산하라(18절)

18절을 다시 보시면 바울은 빌레몬에게 "그가 만일 네게 불의를 행하였거나 네게 빚진 것이 있으면 그것을 내 앞으로 계산하라."고 말합니다. 오네시모는 도망을 친 것 때문에 일정 기간 동안 주인의 집에서 해야 할 노동 시간을 축내었고, 또 도망치면서 돈을 훔쳐서 손해도 끼쳐 불의를 저질렀습니다. 바울이 과거사를 구체적으로 알았는지 몰랐는지 알 수는 없지만, 설령 안다고 해도 오네시모의 과거 행각을 구체적으로 언급함으로 좋지 못한 기억을 떠올리게 하진 않습니다. 그러나 아무리 생각을 해봐도 오네시모가 골로새에서 로마까지 1,500킬로미터 이상이나 되는 먼 거리를 도망하였다면 노잣돈이 많이 필요했을 것이라고 추정됩니다. 그리고 노예에게 그런 막대한 경비를 충당할 돈이 있을 리가 없으니, 그가 쓴

돈은 바로 주인 빌레몬의 집에서 훔친 것이었을지도 모릅니다. 그런데 사도 바울은 지금 만약에 오네시모가 빌레몬에게 불의를 행한 것이나 경제적으로 손실을 끼친 것이 있으면 대신 갚아 주겠다는 말을 하고 있습니다. 즉, "내 장부에 달아두라"Charge that to my account!고 말을 하는 것입니다.

우리는 이와 같은 사도 바울의 고백 속에서 무엇을 느끼게 됩니까? 우선은 바울이 얼마나 오네시모를 진심으로 사랑하고 귀하게 여기는지를 알 수 있습니다. 바울은 오네시모를 심복이라고 표현하면서 바로 자기 자신the very self처럼 여겼는데, 정말 그렇다면 당연히 오네시모가 처한 경제적인 문제에도 관심을 기울이지 않을 수가 없는 것입니다. 사도 요한이 요한일서에서 "누가 이 세상의 재물을 가지고 형제의 궁핍함을 보고도 도와 줄 마음을 닫으면 하나님의 사랑이 어찌 그 속에 거하겠느냐? 자녀들아 우리가 말과 혀로만 사랑하지 말고 행함과 진실함으로 하자."(3:17-18)라고 말했듯이 우리는 시간과 물질을 가지고 어려운 형제를 도와줄 수밖에 없는 것입니다. 사랑은 말로만 하는 것이 아닙니다. 우리가 가진 것을 가지고 행함으로 하는 것입니다. 마음에는 사랑이 있는데 시간을 전혀 낼수가 없다든지, 돈은 줄 수 없다고 하는 것은 거짓 사랑이라는 뜻입니다. 바울은 오네시모를 진심으로 사랑했습니다. 그러하기 때문에 오네시모가 빌레몬에게 진 빚을 자신 앞으로 달아두고 계산하라고 말할 수 있었던 것입니다.

여기서 우리는 다른 측면을 생각해야 합니다. 오네시모가 빌레몬에게 진 빚이 있다면 반드시 청산이 되어야 한다는 점을 바울도 인정하고 있다는 점입니다. 빚을 진자가 그냥 없던 일로 하자고 해서 될 문제가 아닙니다. 어떤 형태로든 빚을 진 자는 빚을 내어 준 자에게 반드시 채무를 청산해야 하는 것입니다. 조나단 에드워즈가 활동했던 1차 대각성(1740-1742) 기간에도 일어난 일이지만, 1907년에 일어났던 한국의 오순절이라고 불리는 평양 대부흥의 역사를 읽어 보더라도 은혜를 받은 성도가 과거의 죄를 회개하고 사람과의 관계를 바로잡는 일이나 빚을 청산하는 일에 대단한 열심을 보인 것을 알 수 있습니다. 마찬가지입니다. 오네시모가 갚을 능력이 없다면, 바울이 대신해서 오네시모의 빚을 대신 갚더라도 그 빚은 청산되어야 하는 것입니다. 감동을 받은 빌레몬이 감히 바울에게 요구하지 못하고 스스로 없던 것으로 해 주었을지도 모르지만 분명한 것은 빚은 청산되어야 한다는 원칙인 것입니다. 우리의 죄 문제도 마찬가지입니다. 우리가 대인 관계에서 잘못한 죄는 반드시 그 사람과의 관계에서 청산을 해야 하는 것입니다.

2. 나 바울이 친필로 쓰노니(19절)

오네시모가 빌레몬에게 진 빚을 자기 앞으로 회계하라고 요구한 바울은 19절에 보시면 다시 한 번 더 강하게 말합니다. "나 바울이 친필로 쓰노니 내가 갚으려니와 네가 이 외에 네 자신이 내게 빚진 것은 내가 말하지 아니하노라." 바울은 친필로 쓴다는 말을 했습니다. 우리는 우리 손으로 편지를 쓰니까 뭐 그런 것을 강조하느냐 할 것입니다. 하지만 바울은 편지를 쓸 때 마다 대필하는 사람의 손을 빌렸다는 것을 기억하실 필요가 있습니다. 로마서 같은 위대한 복음 선언서도 더디오Tertius라는 사람의 손을 빌려 썼습니다(롬 16:22). 바울은 구술하고 더디오는 받아 적었던 것입니다. 왜 바울이 손수 편지를 쓰지 않았는가, 아니면 쓸 수 없었는가 하는 것은 논쟁거리일 것입니다. 그러나 나이 든 바울은 편지를 직접 쓸 수 있는 시력이 되지 못했다고 말할 수 있습니다. 왜냐하면 갈라디아서 6장 11절에 보시면 큰 글자로 쓴 것을 보라고 말하는 것을 볼 수 있기 때문입니다.

그런 바울이 친필로 썼다고 말하는 것은 그만큼 사안의 중요성을 느끼게 해 주는 것입니다. 그러면 바울이 무슨 내용을 친필로 썼다고 하는지를 보십시다. 19절에 보시면 "나 바울이 친필로 쓰노니 내가 갚으려니와"라고 했는데, 바울이 친필로 쓴 내용은 "내가 반드시 갚으리라."I will pay it는 것입니다. 18절에서 바울이 말하기를 "네게 빚진 것이 있으면 그것을 내 앞으로 계산하라."고 요구했는데, 그것은 그냥 하는 말이 아니라는 것입니다. 눈이 어두운 바울이 친히 큰 글자를 써 가면서 강조하는 말이 "내가 반드시 갚으리라"고 까지 확언했으니 말입니다. 남이 대필해서 쓴 글과 직접 자신이 손수 쓴 글 사이에 어느 것이 더 권위를 가지거나 법적인 효력을 발휘할지 다들 아시지 않습니까? 당연히 손으로 직접 글을 쓰고 도장을 찍은 문서의 경우에 강한 법적 효력을 가지는 것입니다. 그리스 사람들은 바울처럼 채무자가 직접 서명을 하여 쓴 글을 케이로그라폰 *cheirographon*이라고 불렀으며 법적인 구속력을 가지는 것으로 보았습니다.[38] 이렇게 법적인 구속력을 갖는 형태로 확약하는 것을 본다면, 바울은 진짜로 필요하다면 자신이 오네시모가 진 빚을 대신 갚아 주겠다고 약속하고 있는 것입니다. 사실 바울은 빌레몬서를 쓸 당시에 로마 옥중에 갇혀 있었고 손수 일도 할 수 없었을테니 그의 경제적 형편이 넉넉했을 리 만무합니다. 하지만 바울은 오네시모와 빌레몬의 관계를 그리스도 안에서 형제 관계로 맺어 주기 위해서 자신이 그 빚을 반드시 갚아 주겠다고까지 선언하는 것입니다.

그러면서도 바울은 19절 하반절에서 묘한 말을 덧붙입니다. "네가 이 외에 네 자신이 내게 빚진 것은 내가 말하지 아니하노라."not to mention that you owe me your very self besides 말하지 않는다고 하지만 사실 빌레몬으로 기억나게 만드는 셈입니다. 바울은 은근히 빌레몬에게 너도 나한테 빚진 것이 있다고 상기시키고 있습니다. 앞서도 보았지만 빌레몬은 골로새에서 부유한 사람인데 그런 사람이 자급자족하기에도 급급한 바울에게 빚을 질 일이 무엇이 있겠습니까! 바울이 언급하는 빚은 경제적인 것이 아닙니다. 그것은 바로 빌레몬이 바울이 전해 준 복음에 빚진 것을 말합니다. 사도 바울이 에베소에서 사역하는 동안 빌레몬이 바울을 통해서 복음을 듣고 예수 그리스도를 믿게 된 것을 가리킵니다. 사실 이 영적인 빚은 물질적인 것과 비교할 수 없는 큰 빚입니다. 사실 무엇으로도 갚을 길이 없는 빚입니다. 특히 바울이 네가 내게 빚진 것이 있다고 암시하는 것으로 보아서 바울은 빌레몬 가정의 복음화에 상당히 산고(產苦)를 겪었을 수도 있습니다. 그렇게 힘든 과정을 통해서 복음을 믿게 되었다면 빌레몬은 바울에 대해서 말할 수 없는 큰 빚을 지고 있다고 느낄 수밖에 없었을 것입니다. 렌스키는 빌레몬이 바울에게 진 빚이 이중적임을 지적해 줍니다. "빌레몬은 바울에게 이중적인 빚을 지고 있다. 즉 바울이 그를 회심시킨 그 자신의 빚이고, 지금 그는 잃어버린 종보다도 더 좋은 종으로 만들어 돌려보낸 것에 대한 빚이다."[39] 이렇게 영적인 빚을 진 자가 물질적으로 감사를 표현할 기회가 있다면 당연히 아낌없이 내어놓을 수밖에 없습니다. 하지만 바울은 네가 내게 빚진 자이니 알아서 하라고 말하지 아니하고 그저 암시만 해줍니다. 암시만 해도 빌레몬은 다 알아들을 사람인 것입니다.

3. 내 마음이 평안하게 하라

사도 바울은 오네시모의 빚을 대신 갚아 주겠다고 함으로써 어떤 장애물이라도 다 제거하기를 열망하는 자신의 마음을 빌레몬에게 밝히고 난 후에 20절을 보면 "오 형제여 나로 주 안에서 너로 말미암아 기쁨을 얻게 하고 내 마음이 그리스도 안에서 평안하게 하라"고 간청하는 것을 보게 됩니다. 원문을 보면 나이 아델페*nai adelphe*로 시작합니다. "예 형제여"라고 번역할 수 있습니다. 빌레몬의 심금을 울리는 친밀한 호칭입니다. "오 형제여!" 그리고 바울이 빌레몬에게 간청하는 내용은 빌레몬에게서 기쁨 혹은 호의를 얻게 해 달라는 것과 바울의 마음이 그리스도 안에서 평안하게 해 달라는 것이었습니다. 표준새번역에서는 "형제여, 나는 주님 안에서 그대의 호의를 바랍니다. 그리스도 안에서 나의 마음에 생기를 불어넣어 주십시오."라고 번역함으로써 바울의 겸손하고 간절한 어조를 잘 표현해 주고 있습니다.

우선 바울은 빌레몬에게 호의를 베풀어 달라고 요구하고 있습니다. 그 호의도 주님 안에서 요구하고 있습니다. 바울과 빌레몬이 그리스도 안에서 영적으로 가지게 되는 관계 때문에 그런 요구를 할 수 있는 것입니다. 그리고 바울은 그리스도 안에서 그의 마음이, 헬라어로 하면 스플랑크나가 평안하게 되기를 구하고 있습니다. 이 표현은 7절 상반절에서 보았던 것입니다. "형제여 성도들의 마음이 너로 말미암아 평안함을 얻었으니." 마음(스플랑크나)은 심장이라고 번역할 수 있으며, 우리의 감정의 좌소를 가리킵니다. 그리고 평안함을 얻었다(아나파우오)는 것은 "원래 고통이나 비애를 멈춘다는 뜻이었으나 거기서 나아가 평안을 준다는 뜻으로 사용되었습니다. 그러므로 이는 고통과 어려움에서 건져 새로운 원기를 주어 평안하게 한다는 의미입니다." 바울은 골로새 성도들의 심장이 그처럼 빌레몬의 선행과 자선에 의해서 마음에 원기와 용기를 얻게 되었다는 점을 칭찬했던 것입니다. 이제 20절에서 바울이 기대하는 것도 바로 빌레몬이 오네시모에 대해 선처하는 것을 듣게 됨으로 자신의 마음에 새로운 원기를 얻게 되는 것입니다.

이번 강해에서 살펴본 내용을 정리해 보도록 하겠습니다. 사도 바울이 오네시모를 위해서 어떻게 다양한 방식으로 힘쓰고 애쓰는지를 보았습니다. 바울은 오네시모가 빌레몬에게 진 빚이 있다면 자기 앞으로 계산하라 그러면 반드시 갚아 주겠다라고 확약하기까지 하는 것을 보았습니다. 글을 쓸만한 시력도 안 되면서 큰 글자로 내가 반드시 갚아 주겠다라고 약속하는 글을 쓰기도 했습니다. 빌레몬이 오네시모를 환영하는 데 재정 문제가 방해가 된다면 기꺼이 자신이 책임지겠다는 것입니다. 우리는 이러한 바울의 수고 진력을 단순히 1세기에 일어난 작은 아름다운 이야기로만 생각하고 지나가면 안 됩니다. 우리는 빌레몬서라고 하는 이 작은 서신 안에 위대한 복음이 담겨 있다는 것을 깨달아야 합니다. 사실 인간적으로 보자면 바울은 오네시모를 위해서 이렇게 선심을 써야 할 이유가 없었습니다. 편지 한 장 써주는 것만 해도 큰 인심 쓰는 것 아니겠습니까? 그럼에도 불구하고 바울은 심지어 오네시모가 저지른 물질적 손실까지 대신 갚아 주겠다고 자원하고 나서는 것을 보았습니다. 이것이 바로 하나님께 입은 구원의 은혜를 명시적으로 잘 보여주고 있고 실제 삶 속에서 적용하고 있는 것입니다.

여러분! 우리가 받은 구원이 무엇입니까? 죄 값으로 인하여 죽음과 사탄의 종이 된 우리를 건져 내시고 구원해 내시기 위해서 그 속전, 그 목숨 값, 몸값을 누가 제공하셨는지를 기억해 보시기 바랍니다. 바로 예수 그리스도께서 우리 대신 우리의 몸값이 되어 주셨습니다. 이것을 일컬어서 구속 혹은 속량 redemption이라고 하는 것입니다. 마가복음 10장 45절에 보면 예수님께서는 이렇게 말씀했습니다. "인자가 온 것은 섬김을 받으려 함이 아니라 도리어 섬기려 하고 자기 목숨을 많은 사람의 대속물로 주려 함이니라." 대속물이라는 것은 다른 말로 우리의 몸값, 속전을 의미하는 것입니다. 예수님이 우리를 구원하여 하나님의 자녀로 만들기 위해 자기 목숨을 우리를 위한 속전으로 내어 주셨다는 것입니다. 오늘 바울의 말로 하자면 "내게로 계산하라. 내가 갚으리라."인 것입니다. 주님이 저와 여러분의 죗값을 대신 지불하셨으며, 우리를 구원하셔서 새로운 생명을 주신 것입니다. 그런 은혜를 입은 바울은 오네시모를 위해서 그가 받은 바 은혜에 비교도 되지 않지만 부스러기 은혜를 베풀겠다고 자원하고 있는 것입니다.

이러한 바울의 자세는 우리도 본받아야 할 자세입니다. 우리가 주님께 갚을 길 없는 큰 속전을 빚졌다고 한다면 우리도 사랑하는 가족이나 이웃을 주님께 인도하는 일에 있어서 대가를 지불하기를 주저하지 말아야 합니다. 매일 시간을 내어 기도하거나 기회를 따라 물심양면으로 섬기고 도와주는 일에 힘써야 할 것입니다. 그리고 실제로 복음을 전해야 합니다. 하나님은 이상적인 것을 바라시는 것이 아닙니다. 받은 구속의 은혜를 제대로 깨닫고 그 은혜를 삶 속에 힘껏 적용하는 것을 보기 원하시는 것입니다. 제가 아는 어떤 성도는 자기의 친척 가정에 많은 선을 베풀었습니다. 자식보다 더 잘해 준다는 칭찬을 들을 정도로 잘 해 주었습니다. 그래서 어른들이 묻습니다. "너는 왜 내 자식보다 더 잘 해 주냐?" 이에 그 성도는 다음과 같이 대답했다고 합니다. "예, 저는 지금 죽어도 천국 가지만, 아저씨 아주머니는 예수님을 안 믿기 때문에 지옥에 가실 것이므로 땅 위에 있을 때라도 잘 해 드리려고 합니다." 이 말을 들은 친척은 큰 충격을 받고 교회를 다니기 시작했다는 것입니다. 우리는 큰 것을 하려고 할 것이 아니라 우리가 할 수 있는 최선의 선행을 통해서 가족이나 이웃을 위해서 복음을 전해야 합니다.

Philemon

8. 내가 말한 것 보다 더 행할 줄을 아노라(21-22절)

나는 네가 순종할 것을 확신하므로 네게 썼노니 네가 내가 말한 것보다 더 행할 줄을 아노라. 오직 너는 나를 위하여 숙소를 마련하라. 너희 기도로 내가 너희에게 나아갈 수 있기를 바라노라.

군대는 군율에 의해서 일사불란하게 움직이게 할 수 있고, 직장은 돈이나 승진을 빌미로 잘 돌아가게 할 수 있습니다. 그러나 교회는 이런 세상의 방법으로 움직일 수도 없고 그렇게 움직여도 안 될 것입니다. 교회는 세상 다른 단체와는 달라야 합니다. 우리는 예수 그리스도 안에서 한 피 받아 한 몸 이룬 성도요 형제자매입니다. 우리는 거룩하신 하나님의 권속입니다. 그러하기에 세상의 어떤 이익 단체와 달리 가정적인 개념이 지배적이어야 합니다. 가족 간의 친밀함과 하나 됨을 생각해야 합니다. 그리고 때로 한 식구가 어려움에 처하면 다른 식구가 고통과 짐을 분담하는 것을 감수해야 합니다. 가족 간에는 명령보다는 사랑에 의해서, 강요보다는 자발적인 헌신에 의해서 움직여져야 하는 것입니다. 부모도 사랑으로 자식을 대하고 자녀도 부모를 공경하는 마음으로 대해야 하듯이, 교회 공동체도 상호 존중과 예수 그리스도에 대한 복종에 의해 움직여야 합니다. 그러기 때문에 교회는 세상 단체보다 뭐든지 더디게 가고 사람에 대한 배려가 우선입니다.

우리는 빌레몬서를 통해서 사랑하는 영적인 아들 오네시모와 이미 이전에 복음 안에서 빚진 자된 빌레몬 사이를 화해시켜 주려고 힘쓰는 바울의 사랑의 수고를 보았습니다. 빌레몬에게 손해를 끼치고 도망친 오네시모를 다시 돌려보내면서 극찬을 하고 있습니다. "이는 내 심복이라, 복음의 조력자로 삼을 만하다, 사랑 받는 형제로 둘 자라, 그러니 가거든 나를 영접하듯이 해라, 혹시 둘 사이에 금전 문제가 있다면 내 앞으로 달아놓으면 내가 반드시 갚아 주겠다." 이런 식으로 바울은 빌레몬에게 말했고 사랑의 권면을 했습니다. 바울은 사도의 권위를 가지고 마땅히 명할 수 있지만 사랑으로써 간구를 하는 것입니다.

1. 네가 순종할 것을 확신하노라(21절상)

이와 같이 바울은 빌레몬에게 오네시모를 위한 추천과 권면의 말을 충분히 했습니다. 이 정도 읽고 나면 빌레몬같이 사랑과 믿음에 있어 뛰어난 사람은 바울의 간청을 도무지 거절할 수가 없었을 것입니다. 바울은 21절에서 빌레몬이 자신이 권하는 대로 해 줄 것을 확신하고 있습니다. "나는 네가 순종할 것을 확신하므로 네게 썼노니." 바울은 빌레몬이 자신의 간청을 들어줄 것이라고 말하지 아니하고 순종할 것을 확신한다고 말하고 있습니다. 순종이라고 번역한 휘파코에라는 헬라어 단어를 "준비되어 있음, 기꺼이 함, 쾌히 하고자 하는 마음"readiness, willingness, Bereitwilligkeit 등의 뜻으로 이해하려고 하는 학자도 있지만, 사실 이 단어는 그리스도께서 하나님께 순종하셨다고 할 때 사용되었고, 성도가 하나님과 하나님의 뜻에 순종한다고 할 때 사용된 아주 강한 의미를 가진 단어입니다.[40]

그러면 바울은 분명 지금까지 사랑의 간청을 해왔는데 왜 이렇게 강한 단어를 사용하는 것일까요? 윌리엄 바클레이는 바울의 고백에 대해 "사람들에게 접속하는 방법의 모델"이라고 설명했습니다. 그러면서 이런 해석을 남겼습니다.

언제나 상대방으로부터 최상의 것을 기대하는 것이 바울의 습관이었다. 그는 실제로 빌레몬이 자기가 요구한 모든 것을 승낙할 것이라 믿고 조금도 의심하지 않았다. 그것은 좋은 습관이다. 남에게 최선의 기대를 갖는 것은 그 최선의 반 이상이나 이미 얻은 것이나 다름없는 것이라 하겠다. 기대가 적으면 얻을 것도 적은 것이다. 그러나 우리가 그에게 큰 기대를 걸고 경의를 표한다면 그도 역시 마음속 깊이 잠자고 있던 기사도 정신이 각성되어서 우리가 기대한 만큼 많은 것을 그 사람에게서 얻을 수 있게 되는 것이다.[41]

바클레이의 해석은 일리가 있기는 하지만 너무나 인간적인 이해일 뿐입니다. 바울은 21절 상반절에서 순종이라는 강한 단어를 쓰고 있습니다. 앞서도 말씀드렸듯이 순종이라는 것은 그리스도나 성도가 하나님께 순종한다고 할 때 사용되는 강력한 단어입니다. 예수 그리스도께서 십자가에서 죽으시기까지 순종하셨다고 할 때 쓴 단어입니다. 그리고 사도 바울이 로마서에서 믿음의 순종 즉, 믿음이 순종이라고 할 때에 쓰던 단어입니다(롬 1:5; 16:26). 바울이 빌레몬에게 이 단어를 적용할 때에는 단순히 바울 개인에게 순종한다는 의미를 넘어서 하나님의 뜻에 순종한다는 의미를 가지고 있습니다.[42]

바울이 지금까지 빌레몬에게 사랑으로 권면한 내용은 단순히 바울 개인의 사적인 부탁이 아니라 그리스도의 사도로서 그에게 권면한 것입니다. 비록 부드럽고 따듯하고 감동적으로 말했다고 하더라도 내용은 사도적 권위를 가지고 말하는 것이었습니다. 그러니 바울은 이 정도 말했으면 빌레몬의 신앙 수준과 넘치는 사랑의 섬김을 생각할 때 충분히 순종할 것이라고 확신할 수 있다고 말하고 있는 것입니다.

2. 더 행할 줄을 아노라(21절하)

사도 바울은 이처럼 빌레몬이 자신을 통해 전달된 하나님의 뜻에 순종할 것이라고 확신을 했을 뿐만 아니라 21절 하반절에 보시면 "네가 내가 말한 것보다 더 행할 줄을 아노라."라고 말하는 것을 봅니다. 이제까지 살펴보았지만 바울이 아무리 사랑으로 부드럽게 권했다고 하지만 그 요구 내용은 당시 기준에서는 엄청난 요구였다는 것을 알고 있습니다. 그런데도 도대체 무엇을 더 행할 줄 안다고 하는 것일까요? 표준새번역에는 "나는 그대가, 내가 말한 것 이상으로 해주리라는 것을 압니다."라고 번역을 했습니다. 바울은 도망친 노예인 오네시모를 사랑받는 형제처럼 대하고 바울을 영접하듯이 환영해 주라는 요구를 했습니다. 그런데 여기서 더 무엇을 할 줄로 기대한다는 말일까요?

바울의 이 미묘한 구절을 두고서 J. B. 라이트푸트처럼 노예 해방에 대해 말을 꺼내지는 않았지만 노예 해방이라는 생각이 바울의 생각 속에 현존했다고 볼 수 있습니다.[43] 바울이 명시적으로 요구해 왔던 내용만 해도 엄청난 것들이기 때문에 그 보다 더 할 수 있는 것은 노예 해방 밖에 더 있겠느냐는 것입니다. 이런 견해에 반대하는 학자들도 있지만[44] 우리가 본문을 주의 깊게 읽어 본다면 라이트푸트의 해석이 상당히 설득력이 있다는 것을 깨닫게 됩니다. 바울은 직접적으로 오네시모를 해방시키고 노예 면천을 시켜주라고 요구하지는 않았지만 그를 형제처럼 여기고, 바울처럼 영접한다고 한다면 그 다음은 면천을 통한 자유를 주는 것 밖에는 남은 것이 없다고 할 것입니다. 바울은 오네시모가 자신의 복음 사역에 아주 유익하기 때문에 두 사람 사이에 관계를 잘 정리한 후에 다시 로마로 돌려보내 주기를 기대하고 있다는 것을 13절에서 보았습니다. 골로새서 4장 9절에도 보면 바울이 오네시모를 얼마나 신임하고 있는지를 알 수가 있습니다. "신실하고 사랑을 받는 형제 오네시모를 함께 보내노니 그는 너희에게서 온 사람이라. 그들이 여기 일을 다 너희에게 알려 주리라."

바울이 살고 사역했던 로마 제국 시대에 법적으로 가능했던 노예 해방에 대해서는 〈벤허〉라는 영화를 보시면 잘 알 수 있습니다. 친구 메살라의 모함에 빠져 갤리선 노예로 끌려간 벤허가 전쟁 중에 함대 사령관인 아리우스 장군의 목숨을 건져줍니다. 이에 아리우스 장군은 보답으로 벤허를 면천시켜 주고 자신의 상속자로 삼는 것을 볼 수가 있습니다. 바울이 빌레몬에게 기대하는 것은 그런 수준까지는 아니지만 오네시모에게 자유를 주어 바울의 복음 사역을 자유로이 도울 수 있도록 기회를 주기를 바라고 있는 것입니다. 노예의 몸값이 엄청 비싸고, 오네시모가 빌레몬에게 끼친 손해가 컸음에도 불구하고, 바울은 실로 엄청난 요구를 하고 있는 셈입니다. 하지만 중요한 것이 무엇입니까? 바울의 이러한 요구를 빌레몬은 기꺼이 들어주었다는 것입니다. 만약에 빌레몬이 바울의 요구를 들어주지 않고 냉정하게 거절했다고 한다면 빌레몬서는 역사 가운데 남지 못했을 것입니다.[45] 그리고 어디까지나 전설적인 이야기이지만 존 낙스라는 학자(종교개혁자 낙스가 아님)는 초대 교회 익나티우스 감독의 편지 속에 등장하는 에베소 감독 오네시모의 이름을 증거로 제출하면서 빌레몬이 바울이 요청한 대로 오네시모에게 자유를 주었고 후에는 교회

감독까지 되었다는 해석을 내놓기도 했습니다.[46]

3. 나를 위하여 숙소를 마련하라(22절)

사도 바울은 오네시모를 위한 사랑의 권면을 마친 후에 자신의 장래 계획을 22절에서 말해 줍니다. "오직 너는 나를 위하여 숙소를 마련하라. 너희 기도로 내가 너희에게 나아갈 수 있기를 바라노라." 바울은 로마 옥중에서 편지를 쓰고 있는데 곧 그가 무죄방면될 것을 예상하고 있습니다. 바울은 두 차례에 걸쳐 로마 옥중에 투옥당했는데, 지금 상황은 1차 투옥 말기 상황으로 보입니다. 사도행전 28장 30절에 의하면 바울은 최소한 2년 이상 로마에 머물러 있었습니다. 그런데 이제 바울은 자유의 몸이 될 날이 얼마 남지 않았다는 점을 예상하고 있습니다. 아마도 네로 황제에게 상소한 재판 건이 순조롭게 진행되고 있었기 때문에 이러한 예감을 느낄 수 있었을 것입니다. 옥중 서신 중의 하나인 빌립보서 1장 25-26절에도 보면 자신이 곧 출소할 것이라고 하는 예감을 표현하고 있습니다. "내가 살 것과 너희 믿음의 진보와 기쁨을 위하여 너희 무리와 함께 거할 이것을 확실히 아노니 내가 다시 너희와 같이 있음으로 그리스도 예수 안에서 너희 자랑이 나로 말미암아 풍성하게 하려 함이라."

그럼에도 불구하고 사도 바울은 빌레몬서 22절에서 "너희 기도로 내가 너희에게 나아갈 수 있기를 바라노라."라고 하면서 기도를 부탁하고 있는 것을 봅니다. 특히 "너희"라고 하면서 복수형을 썼는데, 이는 빌레몬의 가정과 그의 가정에서 모이던 골로새 교회 교인들의 기도를 요청하는 것입니다. 바울은 상황이 순조롭게 돌아가고 있어서 곧 출감할 것이라는 것을 예상하고 있지만 하나님의 주권을 인정하고 있고 교인들의 기도의 협력이 필요하다는 점을 겸손하게 시인하고 있습니다. 어떤 신자는 성령으로 충만하면 하나님과 너무 친해져서 자기 마음대로 일이 다 되어지는 것처럼 착각하기도 하지만, 바울은 성령으로 충만할 수록 더욱 하나님의 주권을 인정했고, 겸손하게 기도하기를 힘썼습니다. 그는 성도들에게 자신을 위해 기도해 달라고 요청하는 겸손함도 보여줍니다.

그런데 놀라운 것은 바울이 로마 옥중에서 자유롭게 되면 골로새에 있는 빌레몬의 집에 들르겠다는 것이었습니다. 로마에서 골로새까지는 지중해를 항해하는 일정을 포함하여 1,500km가 넘는 장거리 행로인데다가, 우리가 사도행전이나 로마서 15장에서 볼 수 있는대로 바울은 로마에서 서쪽 끝인

스페인으로 선교하러 가려고 작정을 하고 있었기 때문에 바울의 골로새 방문 계획은 우리로 하여금 궁금증을 가지게 만듭니다. 왜 사도 바울은 스페인으로 가려고 하지 않고 동쪽에 있는 소아시아의 골로새를 방문하려고 하는가 말입니다. 윌리엄 바클레이의 말대로 바울이 가이사랴에서 2년, 로마에서 2년 도합 4년 동안 옥살이하면서 자신이 로마에 와서 복음을 전하는 것은 하나님의 뜻이라고 하지만 스페인으로의 선교 여행은 다른 사람이 감당해야 한다라고 깨달았기 때문일까요? 그럴수도 있겠지만, 아무튼 우리는 그 이유를 알 길이 없습니다. 중요한 것은 감옥에서 풀려나게 되면 바울은 서쪽 끝이 아니라 동쪽 터키에 있는 빌레몬의 집에 방문하고 싶다고 고백을 한다는 것입니다.

그리고 바울은 자신을 위하여 숙소를 마련하라고 정중하게 요청했습니다. 숙소(크세니아)라는 것은 게스트룸을 의미합니다. 오늘날 작은 규모의 집에서 살아가고 있는 우리 같으면 이렇게 방문할 터이니 방을 준비해 달라면 당황스러울 수도 있을 것입니다. 그러나 초대 교회 상황에서는 주막이나 여관이 잘 발달되지 않았을 뿐 아니라 환경 자체가 상당히 불결하고 부도덕하다 보니 다른 지역을 여행하는 그리스도인이나 순회 설교자는 각 지역 그리스도인의 집을 숙소로 이용하는 것이 관례였습니다. 이러한 손님 접대의 관행은 거의 1,900여 년 동안 서양이나 동양에서도 미덕으로 실천되어 왔다는 것을 역사를 통해서 알 수 있습니다. 단 초대 교회 문헌 『디다케』에 의하면 3일 이상은 한 집에 머물지 않도록 권하고 있는 것을 봅니다. 적절한 손님 접대 hospitality는 권장 사항이지만, 그 덕목을 믿고 무리하게 신세를 지는 것은 금했던 것입니다. 미국의 국부 중 하나인 벤저민 프랭클린도 계란이나 손님은 3일이 지나면 부패한다고 말했는데, 당시에도 손님이 집에 묵는 일이 많았기 때문에 경험에서 나온 이야기인 것입니다.

바울이 골로새에 있는 빌레몬의 집을 방문하려고 하는 의도가 무엇이었을까 하는 문제를 둘러싸고 학자들의 견해는 갈라집니다. 중요한 두 가지 해석을 말씀드립니다. 첫째는 그냥 바울이 빌레몬의 집에 가서 쉬면서 성도의 교제를 나누고자 하는 마음 때문이라는 것입니다. 예수님도 힘들 때에 베다니에 있던 나사로와 마르다, 마리아 남매 집에 들르셨습니다. 마음을 헤아려 줄 수 있는 사람과 이야기를 나누면서 교제의 기쁨을 누리거나 마음의 짐을 나누고 싶은 것은 인지상정입니다. 성도는 특히 신실한 성도와의 교제를 통해 그런 기쁨을 누릴 수 있습니다. 그러나 두 번째 해석도 있습니다. 바울은 지금까지 골로새를 방문한 적이 한 번도 없습니다. 빌레몬도 만난 적이 있는지 없는지 정확하게 알지 못합니다. 그런데도 구태여 왜 방문하겠다라고 하느냐? 이에 대해서 어떤 학자들은 바울이 앞서 오네시모에 대해서 사랑의 간청을 했는데, 빌레몬이 실제로 그렇게 하는지 안하는지 보기 위해서 방문하려고 계획하고 있다는 것입니다. 실제로는 가든 안 가든 갈 예정이라고 함으로써 빌레몬에게 은근히 압력을 행사했다는 것입니다.[47] 일리가 있는 해석이지만 이 두 번째 해석은 지금까지 바울이 보여준 간곡하고 감동적인 필치와 어울리지가 않는 것 같습니다. 그리고 지금까지 우리가 확인한 빌레몬의 신앙 수준에 비추어 보면 이러한 은근한 압력은 필요하지도 않았을 것입니다. 결국 바울이 빌레몬의 집을 방문하려고 하는 이유는 빌레몬 같은 신실한 성도와 신앙의 교제를 나누면서 깊은 위로와 도전을 받기를 원했다라고 이해하는 것이 적적할 것이라고 생각됩니다.

이로써 우리는 빌레몬서의 본론 부분을 살펴보기를 마쳤습니다. 이제 남은 것은 결론적인 문안 인사뿐입니다. 이 짧은 서신은 그 분량 때문에 간단하게 다루고 넘어갈 수 있는 서신이 아닙니다. 저는 강조합니다. 이 작은 서신 안에 위대한 복음이 담겨 있다고 말입니다. 우리는 앞서 바울이 빌레몬에게 사랑의 권면을 하는 것을 보았습니다. 그리고 스스로 오네시모를 위해서 책임을 지겠다고 함으로써 십자가의 사랑을 실천하고 있는 것도 보았습니다. 또한 빌레몬이라는 사람이 하나님의 뜻에 대해 얼마나 충실하게 순종하고자 하는 사람인지, 그 점에 대해서 추호도 의심을 하지 않는 바울 사도의 모습을 보았습니다. 오히려 그가 원하는 것보다 더 행할 줄로 기대하고 있는 바울을 보았습니다. 바울은 심지어는 골로새에 있는 빌레몬의 집을 방문할 예정이라고 밝히기도 했습니다. 이러한 바울의 확신은 결코 헛되지 않아서 빌레몬은 바울의 요청한 그대로 순종했습니다. 우리는 이 빌레몬서 속에서 십자가의 복음을 믿고 따르는 신자들이 노예 문제같이 당대에 매우 민감한 사회적 이슈도 복음의 적용이라는 관점에서 어떻게 풀어나가는지를 확인해 볼 수가 있습니다. 저와 여러분도 먼저 주님의 사랑을 잘 아는 것이 중요하고, 그 다음에는 받은 바 사랑을 인간 관계 속에서 구체적으로 실천하는 것도 대단히 중요하다는 사실을 기억해야 합니다. 시대에 따라 사안은 다를수 있지만, 동일한 십자가의 복음을 믿고 구원받은 자이기에 동일한 관점에서 각자가 처한 이슈에 대해 성찰하고 어떻게 하면 우리가 받은 복음의 은혜를 적용할 것인가를 찾아내야 할 것입니다.

9. 바울의 동역자들의 문안 (23-24절)

그리스도 예수 안에서 나와 함께 갇힌 자 에바브라와 또한 나의 동역자 마가, 아리스다고, 데마, 누가가 문안하느니라.

2003년도 9월에 출판된 『NQ로 살아라』라는 책이 있습니다. 동국대 신문방송과 교수로 재직하고 있는 김무곤 교수의 책입니다.[48] 우리는 흔히 IQ(지능 지수)에 대해서는 많이 이야기해왔고, 언젠가부터 EQ(감성 지수)에 대해서도 이야기를 해오고 있습니다. 그런데 김무곤 교수는 머리가 좋아서 성공하고 머리가 좋아서 행복하게 살 수는 없다고 하면서 NQ에 대해서 말하고 있습니다. NQ라는 말은 Network Quotient의 줄인 말인데, "공존 지수"라고 번역할 수 있습니다. 다 같이 함께 잘 살 수 있게 하는 공존지수가 높은 사람이나 나라 만이 미래에 살아남을 수 있다고 합니다. 아직까지도 우리나라는 자녀 교육상 지능 지수를 높이기를 자녀 교육의 중점 사항으로 생각하는 경향이 있습니다. 머리가 팽팽 잘 돌아가고, 똑똑해야 행복하고 성공할 수 있다는 신념을 가진 사람들이 의외로 많습니다. 하지만 저자는 풍부한 경험과 학식을 바탕으로 해서 지능 지수가 좋다고 성공하는 것도 더욱이 행복한 인생이 되는 것도 아니라고 딱 잘라 말합니다. 그는 지능 지수가 좋은 사람이 오히려 상대방을 비난하고, 자신을 원망하고, 세상을 한탄하며 사는 것을 숱하게 보았다고 하면서 행복은 지능 지수와 아무 상관이 없다고 주장합니다. 그러면서 그가 주장하는 것은 공존 지수가 높은 사람이 성공하며 미래 생존 가능성도 높다는 것입니다. 그는 역사를 통하여서 공존 지수의 원조인 예수를 비롯해 위대한 인류의 지도자의 특징이 공존 지수가 높았다고 지적해 줍니다. 더욱이 우리가 살고 있는 현대는 "이제는 더 이상 한 사람의 지식, 한 사람의 IQ로는 해낼 수 있는 일이 별로 없"는 데다가 "그만큼 사회가 복잡해졌고, 사회와 조직이 요구하는 지식의 양도 늘어났기 때문"에 "국가도, 개인도, 기업도 협력하지 않으면 생존할 수 없기 때문이다"라고 지적합니다.[49] 따라서 우리 시대에는 성공하고 행복하려면 자기보다 남을 먼저 생각할 줄 아는 아량과 호기심, 인내심을 기르는 것이 중요하고, 혼자서 다 하려고 하지 아니하고 더불어 함께 하고, 혼자만 잘되려고 하지 않고 상부상조하여 같이 잘되는 것을 추구하는 가치관을 가지는 것이 중요하다고 합니다.

성도 여러분 어떻습니까? 이런 이야기를 읽으니 지능 지수보다 공존 지수가 중요하구나 느껴지셨습니까? 사실 이 책의 저자가 기독교 신자인지 불교 신자인지 저는 모릅니다. 하지만 그가 말하는 내용의 줄거리는 성경적인 면이 있습니다. 우리가 바울 서신을 보더라도 그는 결코 외로운 독불장군이 아니었다는 것을 알 수 있습니다. 그는 혼자서만 일하는 그런 인물이 아닙니다. 그는 수 많은 동역자를 세웠고 수 많은 성도와 더불어 상부상조하면서 산 사람입니다.[50] 김무곤 교수의 표현대로 하자면 바울은 공존 지수가 대단히 높은 사람이었습니다. 그랬기 때문에 바울은 성공적인 인생을 살았고, 더욱이 기쁨과 희열을 누리면서 사는 행복한 인생이었던 것입니다. 로마서 16장에서도 그랬지만, 본문 23-24절에도 보면 사도 바울은 동역자 다섯 명의 인사를 전하고 있습니다.

1. 에바브라(Ephaphras)

바울 곁에 있으면서 빌레몬과 그의 가정, 그리고 교회에 문안 인사를 전하는 첫 번째 사람은 에바브라입니다. 그는 소아시아 골로새 출신으로 골로새 교회의 목회자였습니다(골 1:7). 에바브라는 사도 바울을 통해서 예수 그리스도를 믿게 되고 골로새 교회의 목회자로 세워졌습니다. 그런 에바브라가 바다 건너 1,500km 이상 떨어져 있는 로마의 바울을 찾아온 이유에 대해서는 생각을 해 볼 문제입니다. 골로새 교인들이 워낙에 바울을 귀하게 여겨서 격려하기 위해 대표로 보냈는지 아니면 골로새서에 기록된 여러 가지 이단 문제 등을 염두에 둘 때에 에바브라가 바울의 도움을 받기 위해서 방문했는지 알 수 없습니다. 아무튼 골로새서 1장 7절에 보시면 바울은 에바브라를 아주 신실한 복음의 사역자라고 평가하고 있습니다. "이와 같이 우리와 함께 종된 사랑하는 에바브라에게 너희가 배웠나니 그는 너희를 위한 그리스도의 신실한 일꾼이요"라고 했고, 이어지는 8절에서는 "성령 안에서 너희 사랑을 우리에게 알린 자니라."고 칭찬하고 있습니다. 또한 4장 12-13절에 보면 "그리스도 예수의 종인 너희에게서 온 에바브라가 너희에게 문안하느니라. 그가 항상 너희를 위하여 애써 기도하여 너희로 하나님의 모든 뜻 가운데서 완전하고 확신 있게 서기를 구하나니 그가 너희와 라오디게아에 있는 자들과 히에라볼리에 있는 자들을 위하여 많이 수고하는 것을 내가 증언하노라."고 말씀하고 있습니다.

그러한 에바브라에 대해서 빌레몬서 23절에서는 "그리스도 예수 안에서 나와 함께 갇힌 자"라고 말하고 있습니다. 바울을 방문했던 에바브라가 왜 함께 갇힌 자가 되었을까 의아한 생각이 드실 것입니다. 골로새서 4장 10절에도 보시면 아리스다고를 함께 갇힌 자라고 말하고 있는 것을 봅니다. 이 두 사람의 경우에는 무슨 죄를 지어서 투옥되어 있다기보다는 바울을 돕기 위해 자진해서 바울이 받는 것과 같은 제한을 받으면서 가택 연금 생활을 한 것이 아니겠느냐 하는 생각이 듭니다.[51] 스스로 자신의 자유를 제한하고 바울과 같은 처지에 놓여서 그를 섬기고자 하는 것은 그리스도 예수 때문이라는 점을 기억해야 합니다.

2. 나의 동역자 마가(Mark)

바울 곁에 있어서 문안 인사를 전하는 두 번째 사람의 이름은 마가입니다. 풀 네임은 마가 요한입니다. 마가는 로마식 이름이고 요한은 유대식 이름입니다. 마가의 어머니 마리아는 예수님의 최후 만찬시 다락방을 제공한 사람이고, 이 다락방은 초대 예루살렘 교회가 오순절 성령 강림을 체험한 장소나 그 후에 집회 장소로 사용되기도 했습니다. 마가복음 14장 51-52절을 보면 "한 청년이 벗은 몸에 베 홑이불을 두르고 예수를 따라가다가 무리에게 잡히매 베 홑이불을 버리고 벗은 몸으로 도망하니라."는 구절에 나오는 사람이 바로 마가였을 것이라고 보기도 합니다. 상황에 떠밀려 도망을 가는 마가의 모습은 바나바, 바울과 함께 떠난 1차 선교 여행 때에도 재발되었습니다. 어떤 이유가 되었든지 간에 마가는 중도에 예루살렘으로 돌아가 버렸기 때문에 바울과의 관계가 틀어지게 되었습니다. 2차 선교 여행을 준비하면서 바나바는 마가를 데려가자고 하고 바울은 거절했습니다. 그러다가 십수 년이 지나고 나서 오늘 본문에 보면 마가의 이름이 다시 등장합니다. "나의 동역자 마가"라는 표현을 쓰는 것을 보아서, 바울과 마가 사이에 그동안 관계 회복이 되어진 것을 짐작할 수 있습니다. 디모데후서 4장 11절에서는 마가를 가리켜서 "나의 일에 유익하다."라고 칭찬하기까지 했습니다. 이것은 바울의 사사로운 일에 유익하다기 보다는 복음을 전하는 일에 유익하다는 의미입니다.

　바울과의 관계가 결렬되고 나서 그와 다시 관계가 회복될 때 까지 마가는 베드로의 지도를 받으면서 사역 훈련을 받았고 베드로가 로마에 와서 복음을 전하는 기회에 통역자로 수고를 아끼지 아니하였습니다. 그때 베드로를 통해서 들은 설교를 요약해서 적은 것이 바로 마가복음이라고들 합니다. 베드로는 심지어 마가를 "내 아들 마가"(벧전 5:13)라고 할 정도로 아끼고 사랑했습니다. 우리는 신실하지 못해서 중도에 탈락했던 마가 같은 사람이 다시금 회복되고 유익한 복음의 일꾼으로 세워지는 과정에 외삼촌 바나바의 역할도 중요하지만 베드로의 역할이 상당히 컸다는 점을 생각해야 합니다. 베드로는 일찍이 주님께 호언장담하고는 배신해 버렸던 경력을 가졌으나 회복의 은혜를 경험한 사람, 소위 '상처 입은 치유자'a wounded healer이기 때문에 마가 요한 같은 사람에게는 적합한 멘토가 될 수가 있었던 것입니다. 그리고 또한 바울이 마가를 동역자 중의 한 사람으로 언급하는 이면에는 빌레몬과 오네시모 사이의 관계 회복을 염원하는 바울의 열망이 작용하고 있다고도 할 수 있습니다.

3. 아리스다고(Aristarchus)

바울이 언급하는 세 번째 인물은 아리스다고라는 사람입니다. 본문의 "나의 동역자"는 마가만 지칭하는 것이 아닙니다. 원문에 복수형으로 나오고 구절 끝에 나오기 때문에 아리스다고도 지칭하는 걸로 봐야 합니다. 또한 바울은 골로새서 4장 10절에서 아리스다고를 자신과 함께 갇힌 자라고 소개하고 있습니다. 우리는 아리스다고 같은 사람을 잘 기억하지도 못하고 주목하지도 않습니다. 사도행전 19장 29절에 의하면 아리스다고는 가이오와 더불어서 마게도냐 출신이었습니다. 에베소인들이 아데미를 숭상하는 자신들의 신앙이 기독교 때문에 위협받게 되었다고 생각하면서 소동을 피우고, 가이오와 아리스다고를 붙잡아 연극장에 달려 들어간 적도 있으며 비이성적인 폭도에게 위협당하는 체험도 했다고 합니다. 이렇게 끔찍스러운 체험을 하고서도 아리스다고는 조금도 변심하거나 주저앉지 않고 사도 바울과 더불어 예루살렘에도 갔고 후에는 로마에도 따라와서 바울처럼 자유를 제한받으면서 바울 사역을 돕고 있었던 것입니다. 참으로 귀한 복음의 동역자라고 할 수 있습니다.

4. 데마(Demas)

사도 바울이 동역자라고 소개하는 네 번째 사람은 데마입니다. 그에 대해서도 별로 아는 바가 없습니다. 그러나 누트 라르슨이 지적한 대로 "데마의 삶에는 슬픈 티가 묻어난다"고 할 수 있습니다. 왜냐하면 여기서는 바울의 동역자로 언급되고 있지만 디모데후서 4장 10절에 "데마는 이 세상을 사랑하여 나를 버리고 데살로니가로 갔고"라고 나오기 때문입니다. 적어도 바울이 1차 투옥 시에는 복음의 동역자로 함께 했던 데마였지만 4-5년 사이에 바울과 복음 사역을 버리고 떠났다는 말입니다. 데마가 데살로니가로 가버렸다고 하는 바울의 언급을 보아서 데마 역시 아리스다고처럼 마게도냐 출신이었음을 짐작할 수 있습니다. 그리고 데마가 바울을 왜 떠났는지 그 이유를 "그가 세상을 사랑했기 때문"이라고 분명히 밝힙니다. 바울의 사역을 돕다가 어느 순간엔가 바울 따라다녀 봐야 고생만 되고 내 길을 가야 겠다는 생각이 들어 데마는 로마를 떠나 데살로니가로 가 버린 것입니다. 데살로니가는 현재 그리스어로 테살로니키라고 불리우는 제2대 도시로서 인구가 80만 명이나 되는 도시지만, 바울 당시에도 큰 도시였습니다. 사도 바울은 데마를 일컬어 '이 세상을 사랑하여 자신을 버린 사람'이라고 말하고 있습니다. 마치 가룟 유다가 예수님을 따라 다니다가 마지막 순간에 탐심에 눈이 멀어서 자기 스승을 팔아 먹은 것과 같이 데마도 마지막 순간에 참지 못하고 바울을 떠나 세상으로 돌아가 버린 것입니다.

라르슨은 데마에 대해서 이렇게 정리해 줍니다. 눈여겨 볼 만한 내용이라고 생각합니다.

> 우리는 데마에게 어떤 일이 일어났는지 정확하게 알 수 없다. 다만 안전에 대한 욕구와 유혹이 있었을 것이라고 추측할 수 있을 뿐이다. 데마가 출발을 잘했고, 그리스도와 교회를 섬기는 일에 진보를 보였던 것은 분명하다. 그러나 그 좋은 출발과 진전을 마지막까지 매듭짓지는 못했다. 포기하고 마지막까지 다시 정리하지 못하면 모든 진전이 무효화된다.[52]

참으로 두려운 일입니다. 우리 가운데 데마나 가룟 유다 같은 사람이 없기를 바랍니다. 힘들고 어려워도 끝까지 인내하고 충성하는 그리스도인이 되시고, 복음의 동역자가 되십시오. 하나님께서 우리 모두에게 견인의 은혜를 베풀어 주시기를 바랍니다.

5. 누가(Luke)

사도 바울이 마지막 다섯 번째로 언급하는 인물은 누가입니다. 사도행전 16장에 의하면 바울이 누가를 처음 만나게 된 것은 2차 선교 여행 중일 때입니다. 누가는 유대인이 아니라 이방인입니다. 그리고 골로새서 4장 14절에 보면 그는 "사랑받는 의원"이라고 했습니다. 그의 직업이 의사라는 말입니다. 누가는 사도행전을 기록하면서 자기의 이름을 한 번도 언급하지 않았지만, 그가 바울을 따라 다닌 경우 "우리가"we section라고 표현을 사용하여 그가 언제 바울을 동반했는지를 알 수 있게 해 줍니다. 누가는 바울을 따라 예루살렘에 갔고, 2년 동안 유대 땅에 같이 머물렀으며, 그 후 로마로 호송될 때도 따라갔습니다. 그리고 디모데후서 4장 11절에 보시면 "누가만 나와 함께 있느니라."라고 바울이 말하고 있는 것을 보게 됩니다. 바울이 순교를 앞둔 최후 시점까지도 누가는 계속 바울 곁에 함께 있었던 것입니다.

사실 성경 어디에도 누가가 직접 복음을 전했다거나 설교를 했다거나 기적을 행했다는 말이 없습니다. 하지만 이 사람은 바울을 처음 만난 이래로 바울이 순교할 때까지 줄곧 옆에 있었습니다. 그리고 그는 자신이 할 수 있는 일로 바울을 도

왔습니다. 조금도 자신을 드러내지 아니하고 바울을 부각시키는 방식으로 사도행전을 기록했습니다. '내가 주장해야 되겠다, 나를 좀 내세워야 하겠다.'는 것이 그에게는 없었습니다. 그가 바울 곁을 떠나지 않고 함께 하면서 특히 어떤 도움을 주었을까를 생각해 볼 필요가 있습니다. 누가는 앞서 말한 대로 의사입니다. 그리고 바울 하면 생각나는 것이 무엇입니까? 바울은 육체에 가시가 있었습니다. 하나님께 이 고통을 거두어 달라고 세 번이나 기도했지만 하나님은 "내 은혜가 네게 족하다."라고만 응답하셨습니다. 그래서 바울은 자신의 연약함을 자랑하겠다고 마음먹고 삽니다. 하나님께서 바울의 병을 거두어 가시지는 않았지만, 그에게 아주 충직한 주치의는 허락하셨습니다. 그가 바로 누가인 것입니다.

이상에서 우리는 빌레몬서 23-24절에 기록된 바울의 동역자 다섯 사람에 대해 살펴보았습니다. 이렇게 이름만 나열했을 뿐이지만 이 본문을 통해서도 우리가 깊은 교훈을 받게 됩니다. 첫째, 사도 바울이 일생 동안 위대한 복음 사역을 할 수 있었던 까닭은 하나님의 은혜와 사랑, 자기 자신의 확고한 헌신이 있었기 때문이고, 뿐만 아니라 빌레몬서 끝 부분에 등장하는 것같이 많은 동역자가 그리스도 안에서 충성스럽게 그를 도와주었기 때문입니다. 하나님의 교회와 나라는 이렇게 수많은 사람의 헌신과 동역을 통해서 역사를 이루어 갑니다. 오늘 우리 교회 가운데도 이와 같이 함께 수고 진력하는 많은 동역자가 있습니다. 저는 데마같이 되지 아니하고 마가나 누가 같은 동역자가 많아지기를 소망합니다.

두 번째 생각할 것은 바울이 이렇게 다섯 사람의 이름을 들어서 문안 인사를 하는 중에도 빌레몬에게 앞서 부탁한 문제가 잘 해결되기를 바라고 있습니다. 빌레몬이 도망친 노비였으나 이제는 주 안에서 거듭난 오네시모를 형제로, 바울의 심장으로 영접해 주기를 바라는 바울의 소망 말입니다. 바울은 이렇게 '내 곁에서 돕는 여러 헌신적인 사역자를 보라, 당신도 이보다 못하지 않다, 그러니 내 마음을 편하게 해달라', 또는 '마가를 보라 이런 사람도 나하고 잘 지내지 않느냐, 너도 오네시모와 관계의 업그레이드를 하라'는 요구가 마음의 귀에 들리는 것 같습니다. 물론 바울은 단순히 인정으로 이야기하는 것이 아닙니다. 바울이 원하는 것은 예수 그리스도 안에서 그리고 십자가 때문에 일어나는 사랑의 관계 변화인 것입니다. 좀처럼 사람의 변화를 믿지 않는 이런 시대에 여러분이 섬기는 교회 안에서도 이런 아름다운 관계의 변화가 일어나기를 소망합니다.

Philemon

10. 마지막 인사 (25절)

우리 주 예수 그리스도의 은혜가 너희 심령과 함께 있을지어다.

빌레몬서의 마지막 구절을 읽었습니다. 바울은 다른 서신처럼 주 예수 그리스도의 은혜가 함께 하기를 축원하고 있습니다.[53] 바울은 이미 3절에서 "하나님 우리 아버지와 주 예수 그리스도로부터 은혜와 평강이 너희에게 있을지어다."라고 축복한 적이 있습니다만, 짧은 서신을 마치는 시점에서도 그리스도의 은혜가 함께 하기를 축원하고 있습니다. 그리스도인으로서 살며 누리게 되는 분복에 있어서 시작도 끝도 다 은혜가 아니면 안된다고 하는 중요한 교훈을 주는 것 같습니다. 그러나 두 구절 사이에 약간 차이가 있음을 주목해야 합니다. 바울은 3절에서는 은혜와 평강이 하나님 아버지와 주 예수 그리스도로부터 온다고 하는 점을 강조했고, 25절에서는 주 예수 그리스도의 은혜가 너희 심령과 함께 할지어다라고 했습니다. 바울은 빌레몬뿐 아니라 그의 가족과 그의 가정에서 모이는 교회 성도의 심령에 주 예수 그리스도의 은혜가 함께 하기를 축복하고 있습니다.

1. 시작도 끝도 은혜이리니

우리가 두 번째 강해에서도 이미 살펴본 적이 있지만 은혜에 대해서 다시 한 번 살펴 보도록 하겠습니다. 그리스도인이 은혜라는 단어를 물 쓰듯 많이 사용하고 있긴 합니다만, 은혜가 무엇입니까 물으면 정작 말로 대답하기가 쉽지 않습니다. 따라서 다시 한 번 더 깊이 생각을 해 보도록 하겠습니다. 우선 은혜(恩惠, grace, charis)라는 것은 본질적으로 공로 없이 호의를 베푸는 것을 의미합니다. 그것은 아래로만 내려가는 내리사랑이라는 말로 부를 수도 있습니다. 신약성경 저자 가운데 은혜라는 말을 사도 바울 만큼 자주 사용한 사람이 없습니다. 은혜라는 말은 거의 바울의 전용 어휘입니다. 필립 얀시라는 미국의 대중적인 기독교 작가는 『놀라운 하나님의 은혜』라는 책에서 은혜에 대해 이렇게 설명을 하고 있습니다.

은혜는 나타나는 형태가 너무 다양해서 정의를 내리기가 쉽지 않다. 그럼에도 불구하고 하나님의 은혜에 대해 정의 비슷한 것을 시도해 볼까 한다. 은혜란 하나님의 사랑을 더 받기 위해 할 수 있는 일이 아무 것도 없다는 뜻이다. 신앙 훈련과 자기 부인에 아무리 힘써도 신학교에서 배운 지식이 아무리 많아도, 의로운 싸움에 아무리 발 벗고 나서도 다 소용없다. 은혜란 또 무엇으로도 하나님의 사랑을 약화시킬 수 없다는 뜻이다. 인종 차별, 교만, 포르노, 간음, 심지어 살인죄를 지어도 별 수 없다. 은혜란 무한하신 하나님이 사랑하실 수 있는 최대치만큼 이미 하나님이 우리를 사랑하고 계심을 뜻한다.[54]

우리는 하나님의 은혜로 구원함을 받았으며, 하나님의 은혜로 신앙의 성장을 이루어가고 있으며, 교회 생활을 하고 있고, 마침내 하나님의 은혜로 구원의 완성에 이르게 될 것입니다. 은혜로 시작한 구원이니 천국 문을 들어갈 때 까지도 은혜가 우리의 삶을 지배할 것입니다. 데이빗 A. 씨맨즈의 『치유하시는 은혜』라는 책 끝부분에 보면 다음과 같은 역사적 에피소드가 나옵니다.

1916년 11월에 오스트리아 · 헝가리 제국을 통치하던 합스부르크 왕가의 황제 프란츠 요셉Franz Josef 1세의 장례식이 장엄하게 거행되었다. 왕족은 비엔나 카푸친 수도원의 지하에 위치한 가족 묘실에 안치되는 것이 관례였다. 황제의 장례식 날이 되자 온 왕실은 다 흰색 예복을 입고 모였으며 그들의 모자에는 타조 깃털이 가득 꽂혀 있었다. 군악대는 하이든이 작곡한 오스트리아 국가와 장엄한 장송곡을 연주했다. 수행원들은 횃불 밝힌 계단을 타고 굽이치듯 나아갔고 그들이 들고 있는 관은 황제를 상징하는 색깔인 황금색과 검정색 천으로 싸여 있었다. 이윽고 관은 묘실의 거대한 철문 앞에 당도하였다. 문 안에는 비엔나의 추기경 겸 대주교가 측근의 교회 고관들과 함께 서 있었다.

장례 행렬을 책임 맡은 관리는 궁전 의전관이었다. 그는 아주 오랜 옛날부터 전해져 내려온 의식을 따라 천천히 닫혀있는 문 앞으로 다가가 자기의 의장검으로 문을 세차게 몇 차례 두드렸다. "문을 여시오!" 그가 호령했다. "누가 들어오려 하오?" 안에서 추기경이 억양을 붙여 되물었다. "여기 모셔온 유해의 주인공은 황제 프란츠 요셉 1세 각하로서 그 분은 하나님의 은혜를 따라 오스트리아의 황제, 헝가리의 왕이 되었고, 믿음의 사도요 수호자였으며, 보헤미아 모라비아의 군주요, 롬바르디, 베네치아, 스타르기아의 대공이었으며…" 이렇게 계속되는 그의 소갯말은 심지어 37개의 칭호를 나열하고야 끝이 났다.

그러자 문 저편에서 추기경의 대답이 들려왔다. "우리는 그런 사람을 알지 못하오. 누가 들어오려 하오?" 그러자 긴박한 비상 상황임을 인식한 그 의전관은 이번에는 칭호의 수를 대폭 줄여서 이렇게만 대답했다. "여기 모셔 온 유해의 주인공은 오스트리아의 황제요 헝가리의 왕인 프란츠 요셉 1세 각하입니다".

그러나 추기경의 대답은 아까와 똑같았다. "우리는 그런 사람을 알지 못하오. 누가 들어오려 하오?" "우리의 형제요, 우리와 똑같은 죄인인 프란츠 요셉의 시신이 들어가려 합니다." 그러자 비로서 그 육중한 철문은 천천히 옆으로 열렸으며 프란츠 요셉은 그 안에 안장될 수가 있었다.[55]

이것은 단순히 감동적인 이야기에 그치는 것이 아니라 실제로 그러합니다. 누가 되었든 요단강을 넘어 천성에 이르려면 오직 예수 그리스도의 은혜를 의지해야 하는 것입니다. 또한 천국에서도 우리 그리스도인들은 영원히 하나님의 은혜와 주 예수 그리스도의 은혜를 찬양하며 살게 될 것입니다. 이 땅 위에 사는 동안에도 우리가 받은 바 주님의 은혜에 감격하고 감사하여 "몸 밖에 드릴 것 없어 이 몸 바칩니다." 같은 그런 심정으로 봉사하며 사는 것이 우리 신자의 삶의 본질적 차원인 것입니다. 그리고 바울이 고백한대로 "그러나 내가

나 된 것은 하나님의 은혜로 된 것이니 내게 주신 그의 은혜가 헛되지 아니하여 내가 모든 사도보다 더 많이 수고하였으나 내가 한 것이 아니요 오직 나와 함께 하신 하나님의 은혜로라."(고전 15:10)라고 고백할 수밖에 없는 것이 우리들의 인생인 것입니다.

2. 주 예수의 은혜가 너희 심령에

바울은 이런 점에서 다시 한 번 빌레몬과 가족을 위해서 예수 그리스도의 은혜가 함께 하기를 축원하고 있다고 할 수 있습니다. 그러나 우리는 바울이 예수 그리스도의 은혜라고 하는 구절을 구태여 사용하면서 그 은혜가 빌레몬과 그 가족의 심령에 함께 하기를 축원하고 있다는 점을 깊이 생각해 보아야 합니다. 신약성경 제일 마지막 구절인 요한계시록 22장 21절에도 보시면 "주 예수의 은혜가 모든 자들에게 있을지어다."라는 유사 구절이 기록되어 있습니다. 백수 가까이 장수했던 사도 요한이 남긴 마지막 인사말이기도 합니다. 그리고 노경의 사도 베드로도 순교하기 직전에 쓴 베드로후서 3장 18절에서 마지막 인사말을 이렇게 적고 있습니다. "오직 우리

주 곧 구주 예수 그리스도의 은혜와 그를 아는 지식에서 자라가라. 영광이 이제와 영원한 날까지 그에게 있을지어다."

그러면 바울, 요한, 베드로 등이 말하는 주 예수 그리스도의 은혜는 무엇을 의미하는 것일까요? 우리는 고린도후서 8장 9절에서 주 예수 그리스도의 은혜가 무엇을 의미하는지를 확인해 볼 수 있습니다.

> 우리 주 예수 그리스도의 은혜를 너희가 알거니와 부요하신 이로서 너희를 위하여 가난하게 되심은 그의 가난함으로 말미암아 너희를 부요하게 하려 하심이라.

바울은 예수 그리스도의 은혜가 무엇인지를 쉽게 설명해 주고 있습니다. 바울은 예수 그리스도를 부요하신 분이라고 말씀합니다. 하늘과 땅의 모든 권세를 가지시고, 전능하신 창조주 하나님이시니 그의 부요를 측량할 수가 없습니다. 지혜와 지식의 부요함도 측량할 수 없을 정도입니다. 그러나 그렇게 부요하신 주님이 "우리를 위하여 가난하게 되셨다."라고 말씀하는 데 경이로움이 있습니다. 우리를 위하여 "죄있는 육신의 모양"을 입고(롬 8:3) 이 땅 위에 성육신하신 것과 한평생 고난의 생을 사시고 십자가에 죽기까지 하신 행적을 "우리를 위하여 가난하게 되셨다."라고 말씀하는 것입니다. 그러면 왜 주님이 그렇게 우리를 위하여 가난하게 되신 것입니까? 바로 우리를 부요하게 하시기 위해서인 것입니다. 그가 인간의 아들이 되심으로 우리 믿는 자도 하나님의 자녀가 되는 권세를 얻게 하셨고, 그가 음부의 고통을 겪으심으로 우리를 고통스러운 지옥에 가지 않게 해 주셨습니다. 그가 우리를 대신하여 죄의 값을 지불하심으로 우리로 하여금 의인이 되게 하셨습니다. 스스로 낮아지심으로 우리가 그의 형제 자매가 되도록 하셨습니다. 우리로 하여금 하늘의 천사도 판단할 수 있는 권세를 주셨습니다. 이러한 열거는 한정 없이 계속될 수 있을 것입니다. 그러나 한 가지 더 언급하고 지나가야 하겠습니다. 예수 그리스도가 낮아지심으로 진흙 같은 우리 인생이 성령을 받고 하나님의 형상의 회복이라고 하는 창조의 목적 회복이 가능해지게 되었습니다. 결국 주 예수 그리스도의 은혜는 우리에게 모든 것을 주시는 은혜입니다.

그런데 주 예수 그리스도의 은혜에 대해 다른 측면에서 설명을 드리겠습니다. 이러한 축원의 말이 어떤 문맥에서 나오는가 하는 것도 굉장히 중요하다고 할 수 있습니다. 요한계시록 전문가인 이필찬 교수는 그의 요한계시록 주석 말미에서 다음과 같이 이 점을 잘 지적해 주고 있습니다.

주 예수의 은혜란 서신에서 의례적으로 사용되는 일반적인 의미의 은혜로 이해할 수도 있지만, 요한계시록의 맥락에서 이해한다면 요한계시록의 메시지를 받는 독자들을 향한 독특한 의미로 사용된다고 볼 수도 있다. 왜냐하면 요한계시록에 기록된 바대로 용과 짐승 바벨론의 집중적인 공격의 대상이 되고 있는 교회 공동체들에게 주 예수님의 은혜는 매우 간절하게 요청되기 때문이다. 그러므로 2-3장의 일곱 교회 독자들은 이러한 마지막 인사말을 남다르게 받아들였을 것이라고 짐작할 수 있다.[56]

그렇다면 우리가 살펴보는 빌레몬서 문맥에서 이 구절이 어떤 의미를 가지는 것일까요? 바울은 이제까지 빌레몬에게 많은 것을 요구해 왔습니다. 물론 간청과 권면의 형태로 하기는 했지만 당시 사회적 관습에 비추어 보면 너무나 큰 요구를 했습니다. 도망친 노예를 다시 받아들이고 용서해 달라는 것, 그리고 화해를 하되 마치 바울을 영접하듯이 영접하고 바울의 심장으로 여겨 달라는 것, 더구나 복음 사역에 아주 유익하니 가급적이면 다시 자신에게로 돌려보내 달라는 요구를 바울은 부드러운 표현으로 했습니다. 바울은 당시의 관행이나 인간적인 감정으로 치면 자신의 요구가 전혀 통할 리가 없다는 점을 알고 있습니다. 그러나 빌레몬의 심령 가운데 역사하시는 주 예수 그리스도의 은혜가 넉넉히 그 일을 할 수 있도록 도우시고 역사하실 것이라는 점을 확신하고 있는 것입니다. 은혜로 치유된 눈과 귀, 은혜로 치유된 가슴이 있다면 얼마든지 순종할 수 있는 일입니다. 허버트 카아슨은 이런 점에서 25절의 의미를 잘 해설하고 있습니다.

> 바울은 많은 것을 요구하였다. 그는 본 서신을 인사로 끝마치려고 하는데, 그 인사말은 곧 기도다. 빌레몬을 구속해 주시기까지 많은 축복을 허락해 주신 주 예수 그리스도께서는 빌레몬에게 그가 지금까지 바울이 요구한 모든 요청을 그대로 행할 뿐만 아니라 더 행할 수 있는 은혜를 베풀어 주실 것이다. 그런데 바울은 본 인사말에서 인칭대명사를 다시 복수로 전환시키고 있다(너희 심령). 본 서신은 빌레몬에게만 보내진 것이 아니라 교회에도 보내진 것이다. 주 예수의 은혜는 교회 전체에도 미치게 될 것이며, 그로 말미암아 온 교회가 동일한 사랑을 배우게 되고, 또한 빌레몬과 같은 순종의 정신을 품게 될 것이다.[57]

3. 빌레몬은 어떻게 반응했을까?

이로써 우리는 빌레몬서에 대한 상세한 공부를 마치게 됩니다. 이제 남은 질문은 과연 이 편지를 받은 빌레몬의 반응이 무엇이었을까하는 것입니다. 사실 이에 답하기가 쉽지 않지만, 분명한 것은 빌레몬이 바울의 요구대로 했을 것이라는 것입니다. 만약 빌레몬이 이렇게 간곡한 편지를 받고도 바울의 요구대로 하지 않았다고 한다면 빌레몬서는 흔적도 없이 사라지고 말았을 것이기 때문입니다. 요나서의 경우도 그렇습니다. 분노한 요나에게 하나님은 니느웨 성민도 아끼는 것이 합당하지 않겠느냐고 하는 질문으로 끝을 맺으신 것을 두고 요나의 반응은 어떠했을까하는 질문을 하게 되는데, 답은 하나님의 긍휼히 여기시는 마음에 요나도 동참했을 것이라고 하는 것입니다. 왜냐하면 만약에 요나가 회개하고 하나님의 뜻에 순종하지 않았다고 한다면 요나서는 남겨지지 않았을 것이기 때문입니다. 요나가 국수주의적인 신앙에 젖어서 하나님의 마음을 아프시게 한 것을 회개하고 그 증표로 요나서를 기록하여 남겼다고 추정해 볼 수 있습니다.

앞서도 보았지만 빌레몬은 신앙과 사랑이 충만한 사람입니다. 바울이 빌레몬서에서 간곡하게 권하고 부탁하지 않는다고 해도 노예 하나쯤은 기꺼이 바울을 위해서 내어 놓을 수 있는 덕이 있는 사람이었습니다. 제가 빌레몬서를 좀 더 깊이 읽게 된 데에는 곽선희 목사님이 2002년에 행한 빌레몬서 강해의 영향이 컸습니다.[58] 곽 목사님의 설교를 통해서 하나님의 은혜를 깨닫게 된 사람이 참 많습니다만, 그 중에 대표적인 사람 중에 어떤 사업가가 있습니다. 이 사업가는 실의에 빠져 죽을 뻔했는데 곽 목사님의 설교를 듣고 새 사람이 되었습니다. 그 후에 그는 입은 은혜에 너무 감사해서 곽 목사님을 위해서 풀러 신학교에 곽선희 목사님 이름으로 된 석좌교수직을 위한 자금으로 100만 달러를 기부했다고 합니다. 11억 원이 넘는 거액입니다. 사도가 아니어도 이렇게 목사 하나를 위해서도 이런 헌신을 하는 사람이 있는데, 하물며 사도 바울 같은 사람을 위해서 빌레몬이 무엇을 못했겠습니까? 그는 분명 바울의 요구대로 오네시모를 용서하고, 형제처럼 받아들이고, 바울처럼 대접했을 것이며, 바울 곁에 보내어 바울의 복음 사역을 돕게 했을 것입니다. 주 예수 그리스도의 은혜가 그의 심령에 역사하고 있었기 때문입니다.

그리고 20세기 신약학자인 존 낙스라는 사람이 1935년에 제기한 학설을 간단하게 나마 검토해 보겠습니다. 존 낙스는 『바울의 서신들 가운데 있는 빌레몬』*Philemon Among the Letters* *of Paul*이라고 하는 책 속에서 오네시모에 대해 두 가지 이야기를 해 줍니다.[59] 첫째는 오네시모는 바울이 소원하는 대로 해방 노예가 되어 교역자가 되었고 심지어는 본서를 기록할 때 보다 50년쯤 뒤에 에베소 교회 감독이 되었다고 하는 것입니다. 그리고 둘째는 오네시모가 바울의 서신을 모으고 편집했다는 것입니다. 존 낙스가 이렇게 주장하는 이유는 2세기 초에 순교한 익나티우스Ignatius가 당시의 에베소 교회에 보내는 편지 속에서 "형언할 수 없이 자애로운 사람이자 당신들의 감독"이라고 하면서 언급한 감독의 이름이 오네시모라고 하는 데 있습니다. F. F. 브루스와 같은 학자는 존 낙스의 주장에 찬성을 합니다만, 대체로 낙스의 가설은 수용되지 않고 있습니다.[60] 왜냐하면 오네시모라는 이름은 당시 노예가 흔히 사용하던 이름이었기 때문입니다. 하지만 우리는 존 낙스가 주장하는 바를 전적으로 배제할 필요도 없다고 생각합니다. 노예였다가 해방된 오네시모가 바울을 도와 복음 사역을 하다가 결국에는 에베소 교회의 감독이 되었을 수도 있기 때문입니다.

어찌되었든지 간에 우리는 구체적인 역사적인 이야기는 알 수 없지만 빌레몬이 바울의 편지를 받은 후에 감동을 받고 주 예수 그리스도의 은혜에 힘입어 그가 소원하는 대로 다

들어 주었을 것이라고 확신할 수 있습니다. 이 감동적인 편지가 역사의 뒤편으로 사라지지 아니하고 보존되어 신약성경 27권 속에 포함된 것을 보아서도 우리는 이런 확신을 가질 수 있습니다. 그렇게 남은 "빌레몬서는 기독교의 윤리관뿐 아니라 일상 생활에서 일어나는 실제적인 관계를 보여(주고), 이 개인적인 편지에서 바울은 화해와 용서와 사랑과 신뢰와 섬김을 바탕으로 하는 기독교의 의의 법을 보여주(며), 그는 이 덕성을 묶어 예수 그리스도를 통해 얻게 된 그리스도인의 형제애를 강하게 해"주고 있다고 말할 수가 있습니다.[61]

우리는 이상으로 빌레몬서에 대한 공부를 마치게 됩니다. 빌레몬서가 비록 짧은 서신이지만 이 서신 안에 주 예수 그리도의 위대한 복음이 담겨져 있음을 확인했습니다. 그 복음이 바울의 영혼과 삶과 인간 관계 속에 어떻게 소화되고 역사하고 있는지를 보았고, 아무런 쓸모가 없던 도망친 노예 속에 역사하여 바울의 심복이 되게 하며 복음의 조력자가 되게 만들 수 있는지도 살펴 보았습니다. 또한 바울은 빌레몬이라고 하는 성도에게 손해를 입히고 도망친 노예인 오네시모를 형제처럼 받아들여 달라고 하는 충격적인 권면을 보았으며, 심지어는 그 이상의 것 즉, 빌레몬이 오네시모를 받아들여 줄 뿐 아니라 다시금 면천해서 바울에게 돌려보내 주어서 복음의 조력자로 사역하게 해 달라는 요구까지 하는 것을 보았습니다. 바울의 이와 같은 겸손하고 사랑에 찬 권면이 가능한 것도, 바울이 당시대 관습으로 보자면 불가능하고 무례하다고 할 수 있을 요구까지 빌레몬에게 할 수 있었던 것도 두 사람 속에 역사하고 있던 하나님의 은혜의 복음 때문이었습니다.

21세기를 살아가고 있는 우리 한국의 그리스도인 가운데는 복음이 사람을 변화시킨다는 사실을 보지도 듣지도 못해서 믿지 않는 이들이 많이 있습니다. 그러나 빌레몬서는 우리에게 복음은 사람을 얼마든지 변화시킨다는 점을 잘 보여주고 있습니다. 은혜만이 우리를 바꿀 수 있습니다. 우리에게는 은혜로 치유된 눈과 귀가 필요합니다. 또한 은혜로 충만해진 가슴이 필요합니다. 곁에 있는 부족한 성도의 변화가능성을 인정하고 축복해 주는 자세가 필요합니다. 또한 우리가 정말 은혜를 받은 자라면 그러한 변화를 돕기 위해서 시간과 물질을 선용할 줄 알아야 할 것입니다. 우리 가운데 오네시모와 빌레몬 같은 이들이 많이 일어나게 되기를 바랍니다. 그렇게 할 때에 복음은 실증될 것이며 세상은 은혜가 무엇인지를 맛보게 될 것입니다.

미주

1. 윌리엄 바클레이, 『디모데·디도·빌레몬서』(서울: 기독교문사, 1993), 407.
2. 랄프 P. 마틴, 『에베소서, 골로새서, 빌레몬서』, 김춘기 역 (서울: 한국장로교출판사, 2002), 199, 200.
3. 딕 루카스, 『골로새서, 빌레몬서 강해』 (서울: IVP, 2008), 240.
4. R. C. H. 렌스키, 『디모데전후서, 디도서, 빌레몬서』(서울: 로고스, 2000), 442.
5. 도널드 거드리, 『신약개론(하)』 (서울:크리스챤다이제스트, 1994), 600.
6. M. Luther, *Luthers Vorreden zur Bibel*; 전경연, 『골로새서, 빌레몬서』 (서울: 대한기독교서회, 2010), 465-66에서 재인용.
7. M. Luther, *Lectures on Titus, Philemon, and Hebrews*, LW 29 (Saint Louis: Concordia, 1968), 93.
8. 렌스키, 『디모데전후서, 디도서, 빌레몬서』, 441.
9. John Calvin, *The Second Epistle of Paul the Apostle to the Corinthians and the Epistle to Timothy, Titus and Philemon*, trans. T. A. Small (Grand Rapids: Eerdmans, 1973), 393.
10. 유명한 바울연구가인 랄프 P. 마틴의 경우는 전자를 주장하는 대표적인 학자다: "만약 바울이 에베소 사역 기간 동안에 골로새서를 썼다는데 동의한다면, 빌레몬에 대한 문제도 실질적으로 해결할 수 있게 된다."(마틴, 『에베소서, 골로새서, 빌레몬서』, 195). 이러한 입장은 최근에 빌레몬서 주석을 간행한 스캇 맥나이트도 지지하고 있으며, 빌레몬서의 저작 시기를 53-55년경으로 제시하고 있다(Scot McKnight, *The Letter to Philemon, NICNT* [Grand Rapids: Eerdmans, 2017], 37).
11. W. Hendriksen, *Colossians and Philemon* (Grand Rapids: Baker,

1964), 209: "Paul's imprisonment is therefore a very honorable one. The mention of himself as a prisoner of Christ Jesus is also very tactful, probably implying, 'in comparison with the sacrifice that I am making is not the favor which I am asking you to grant a rather easy matter?'"
12. 허버트 카아슨, 『골로새서, 빌레몬서 주석』(서울: CLC, 2008), 138-39.
13. 김영봉, "'영성과 설교'에 대하여," in 정용섭, 『설교의 절망과 희망』(서울: 대한기독교서회, 2008), 279-80.
14. Hendriksen, *Colossians and Philemon*, 210.
15. 초대 교회의 가정 교회에 대해서는 M. Barth and H. Blanke, *The Letter to Philemon*, Eerdmans Critical Commentary (Grand Rapids: Eerdmans, 2000), 260-62를 보라.
16. 유승원에 의하면 빌레몬(Philemon)이라는 이름은 사랑하다를 뜻하는 필레오(*phileo*) 동사에서 파생되었다(유승원, "몬 1장," in 『빌립보서, 빌레몬서를 어떻게 읽을 것인가?』, 목회와신학편집부 편 [서울: 두란노아카데미, 2008], 236).
17. 유승원, "몬 1장," 236.
18. 유승원, "몬 1장," 236.
19. 누트 라르슨, 『Main Idea로 푸는 데살로니가전후서, 디모데전후서, 디도서, 빌레몬서』, 마영례 역 (서울: 디모데, 2007), 533-34.
20. 로이드존스, 『영적선택(에베소서강해1)』(서울: CLC, 1988), 38-39.
21. 로이드존스, 『영적선택(에베소서강해1)』, 40.
22. J. B. Lightfoot, *Saint Paul's Epistle to the Colossians and to Philemon* (London and New York: Macmillan, 1892), 332-333.
23. Peter O'Brien, *Colossians, Philemon*, WBC 44(Waceo: Word, 1982), 275: "I pray that your generosity, which arises from your faith, may lead you effectively into a deeper understanding and

experience of every blessing which belongs to us as fellow-members in the body of Christ."
24. *TDNT*, 7권에 기고한 Helmut Köster 교수의 글을 참조하라(548-559).
25. *TDNT*, 7:555: "The word is again used for the whole person which in the depths of its emotional life has experienced refreshment through consolation and love."
26. 윤철원 교수에 의하면 사도 바울은 자신이 쓴 서신 속에서 가족에 관한 용어를 선호했지만, 자녀라고 부르는 경우는 디도(딛 1:4), 오네시모(몬 10), 그리고 디모데 뿐이었다(윤철원, "오네시모를 통해 새롭게 보는 빌레몬서," in 『빌립보서, 빌레몬서를 어떻게 읽을 것인가?』, 목회와신학편집부 편 [서울: 두란노아카데미, 2008], 224, 259).
27. 로마 시대 노예제(slavery)에 대해서는 Barth and Blanke, *The Letter to Philemon*, 3-102를 참고하는 것이 유익할 것이다. 스캇 맥나이트는 로마 시대 노예제뿐 아니라 근현대의 노예제에 대한 논의까지 제시한다(McKnight, *The Letter to Philemon*, 1-36).
28. 라르슨, 『Main Idea로 푸는 데살로니가전후서, 디모데전후서, 디도서, 빌레몬서』, 537.
29. 히포크라테스에 의하면 58세 이상의 노인은 게론(*geron*, 라틴어로는 *senex*)이라고 불렀다(Barth and Blanke, *The Letter to Philemon*, 321). 그리고 우리는 "나이 많은"으로 이해하고 있는 프레스뷔테스라는 이 단어를 사신으로 이해하는 학자들도 있다(카아슨, 『골로새서, 빌레몬서 강해』, 144).
30. 박효진, 『하나님이 고치지 못할 사람은 없다』(서울: 홍성사, 1997).
31. 바울이 사용하고 있는 헬라어 단어 아크레스톤(*achreston*)과 유크레스톤(*euchreston*)은 "필요한 것을 제공하다, 사용하다, ~을 사용하기 위하여 취하다" 등의 의미를 가진 chraomai라는 동사에서 파생되었다. 부정접두어 a가 붙은 achreston은 어떤 사람에게 필요한 것을 제

공하지 못한다는 의미에서 "쓸모없이 되다, 가치 없게 되다"를 의미하고, 잘(well)을 뜻하는 eu가 결합된 euchrestos는 어떤 사람에게 필요한 것을 제공한다는 의미의 "매우 쓸모있는(highly used), 매우 유익한"(very profitable)을 뜻한다(『그랜드 종합주석 18』[서울: 성서아카데미, 2004], 753-54).

32. O'Brien, *Colossians, Philemon*, 292.
33. O'Brien, *Colossians, Philemon*, 293: "Onesimus had rendered faithful service to Paul and it had been the latter's wish that he would continue to give it in place of the absent Philemon."
34. 바클레이, 『디모데. 디도, 빌레몬서』, 414.
35. Lightfoot, *Saint Paul's Epistle to the Colossians and to Philemon*, 343.
36. 김수진, 『조덕삼 장로 이야기』(서울: 진흥, 2008)과 동일한 저자가 쓴 『이자익 이야기』(서울: 한국장로교출판사, 2005)를 참조하시라.
37. O'Brien, Colossians, *Philemon*, 299: koinonos = those who have common interests, common feelings, common work.
38. Barth and Blanke, *The Letter to Philemon*, 482-83.
39. 렌스키, 『디모데전후서, 디도서, 빌레몬서』, 457. 렌스키는 또한 오네시모를 신실한 사람으로 변화시킨 점에서 빌레몬이 어떻게 빚을 지게 되었는지를 이렇게 해명해 준다: "오네시모는 한 이교도로서 도주했으나 바울은 그를 한 크리스찬으로서 만들어 돌려보내고 있다. 빌레몬은 이교적인 방법에서 그의 주인을 섬기던 이교적인 종을 잃어버린 것이다. 그러나 바울은 그리스도인의 양심을 가지고 그의 주인을 섬기는 크리스찬 종을 그에게 돌려보내고 있는 것이다"(442).
40. 전자의 견해를 주장하는 이는 독일의 마르틴 디벨리우스(Martin Dibelius)다. 휘파코에 번역에 대해서는 O'Brien, *Colossians, Philemon*, 304-305를 보라.

41. 윌리엄 바클레이, 『디모데, 디도, 빌레몬서』(서울: 기독교문사, 1993), 427.
42. 마틴, 『에베소서, 골로새서, 빌레몬서』, 206: "여기서 말하는 순종은 하나님의 사자인 바울을 통해 하나님께로 향하는 것이다."
43. Lightfoot, *Saint Paul's Epistle to the Colossians and to Philemon*, 343: "Indeed through this epistle the idea(i.e. manumission of Onesimus) would seem to be present to his thoughts, though the word never passes his lips."
44. 바울이 빌레몬에게 오네시모를 면천해 줄 것을 암시하였다거나 실제로 빌레몬이 오네시모를 면천시켜 주었을 가능성에 대해 거부하는 대표적인 학자는 스캇 맥나이트다. 그는 오네시모가 빌레몬과 화해한 후에도 노예로 머물렀을 것이라고 생각하며, 바울이 의도한 것은 "노예 면천 보다는 교회적 해방"(ecclesial liberation rather than manumission)이었다고 한다(McKnight, *The Letter to Philemon*, 98, 108-109).
45. Garland, *Colossians and Philemon*(NIVAC), 306.
46. John Knox, *Philemon Among the Letters of Paul*(London: Collins, 1960), 71-108.
47. 심지어 랄프 P. 마틴 같은 학자도 다음과 같이 말하고 있다: "목적을 이루기 위하여 바울은 골로새를 방문할 계획이 있음을 알리고 있다. 그리하여 그는 자신의 편지의 결과가 어떻게 되었는지 알기를 원하고 있다. 이 여행 계획은 의례적인 제스처라기보다는 의도를 충분히 납득시키기 위해 사용된 잘 알려진 문학 형식이다."(마틴, 『에베소서·골로새서·빌레몬서』, 207).
48. 김무곤, 『NQ로 살아라』(서울: 김영사, 2003).
49. 김무곤, 『NQ로 살아라』, 30.
50. 바울의 동역자에 대해서 잘 정리한 자료는 E. E. Ellis, "Paul and the His Coworkers," in *Dictionary of Paul and His Letters*, eds., Gerald H. Hawthorne and Ralph P. Martin (Downers Grove/ Leicester:

IVP, 1993), 183-89다. 특히 184쪽에 있는 도표는 유익한 자료다.
51. 라르슨, 『Main Idea로 푸는 데살로니가전후서, 디모데전후서, 디도서, 빌레몬서』, 546.
52. 라르슨, 『Main Idea로 푸는 데살로니가전후서, 디모데전후서, 디도서, 빌레몬서』. 547.
53. 사도 바울의 서신은 로마서를 제외하고는 다 은혜에 대한 축원으로 끝맺음하고 있다(Barth and Blanke, *The Letter to Philemon*, 497).
54. 필립 얀시, 『놀라우신 하나님의 은혜』(서울: IVP, 1999), 79.
55. 데이비드 시맨즈, 『치유하시는 은혜』(서울: 두란노, 1987), 231-232.
56. 이필찬, 『내가 속히 오리라』(서울: 이레서원, 2006), 971. 이상의 은혜의 중요성과 주 예수의 은혜에 대한 설명은 이상웅, 『개혁파종말론의 관점에서 본 요한계시록』(용인: 목양, 2015), 773-782에서 거의 동일하게 공표했음을 밝힌다.
57. 카아슨, 『골로새서·빌레몬서』, 151. 빌레몬서 주석가들은 25절의 중요성에 대해서 깊은 논의를 하지 않는데 필자가 보기에는 이해하기 곤란한 현상이라고 본다. 심지어는 561쪽에 달하는 주석을 쓴 바르트와 블랑케의 경우에도 25절에 대해서는 간단하게만 다룰 뿐이고 카아슨과 같은 강조도 하지 않는다(Barth and Blanke, *The Letter to Philemon*, 497-98을 보라.)
58. 2002년 8월 21일, 28일, 9월 4일, 11일에 삼일기도회 시간에 전한 네 편의 빌레몬서 강해 오디오를 소망교회 홈페이지에서 들을 수 있었다 (http://www.somang.net/).
59. 본인이 참조한 판본은 후에 나온 판본이다. John Knox, *Philemon Among the Letters of Paul* (London: Collins, 1960).
60. 마틴, 『에베소서·골로새서·빌레몬서』, 197-99.
61. 라르슨, 『Main Idea로 푸는 데살로니가전후서, 디모데전후서, 디도서, 빌레몬서』. 549.

저자 **이상웅**

계명대학교 철학과(B. A.)
총신대학교 신학대학원(M. Div.)
암스테르담 자유대학교 신학부 독토란두스과정 이수
총신대학교 일반대학원 졸업(Th. M., Ph. D.)
경북 경산시 와촌면 소재 박사교회 담임목사(2001-2007)
대구 산격제일교회 담임목사(2007-2012)
대신대학교 강사, 전임강사(2006-2011)
현재 총신대학교신학대학원 조직신학 교수(2012-)
현재 대경노회 기관목사, 주의교회 협동목사로 재직중

저서
『조나단 에드워즈의 성령론』(부흥과개혁사)
『박형룡박사와 개혁신학』(목양)

공역서
『히브리서의 신학』(솔로몬)
『청교도를 만나다』(부흥과개혁사)
『웨스트민스터신앙고백해설1,2,3』(부흥과개혁사)
『그리스도가 왕이 되게하라』(복있는사람)